SHI DU YUNCHENG GU ZHONGGUO

识读运城·古中国

王雪樵 著

山西出版传媒集团 山西人民出版社

图书在版编目(CIP)数据

识读运城·古中国/王雪樵著.——太原:山西人民出版社,2015.7
ISBN 978-7-203-09137-0

Ⅰ.①识… Ⅱ.①王… Ⅲ.①运城县—地方史—研究 Ⅳ.①K292.54

中国版本图书馆CIP数据核字(2015)第162661号

识读运城·古中国

编　　著：王雪樵
责任编辑：席　青
装帧设计：张镁尹
出 版 者：山西出版传媒集团·山西人民出版社
地　　址：太原市建设南路21号
邮　　编：030012
发行营销：0351-4922220　4955996　4956039　4922127(传真)
天猫官网：http://sxrmcbs.tmall.com　电话：0351-4922159
E－mail：sxskcb@163.com　发行部
sxskcb@126.com　总编室
网　　址：www.sxskcb.com
经 销 者：山西出版传媒集团·山西人民出版社
承 印 厂：运城市精睿印务有限公司
开　　本：850mm×1168mm　1/32
印　　张：8.375
字　　数：220千字
印　　数：1—2000册
版　　次：2015年7月第1版
印　　次：2015年7月第1次印刷
书　　号：ISBN 978-7-203-09137-0
定　　价：35.00元

如有印装质量问题请与本社联系调换

尧王台遗址

池神庙舜抚琴处

禹凿龙门处

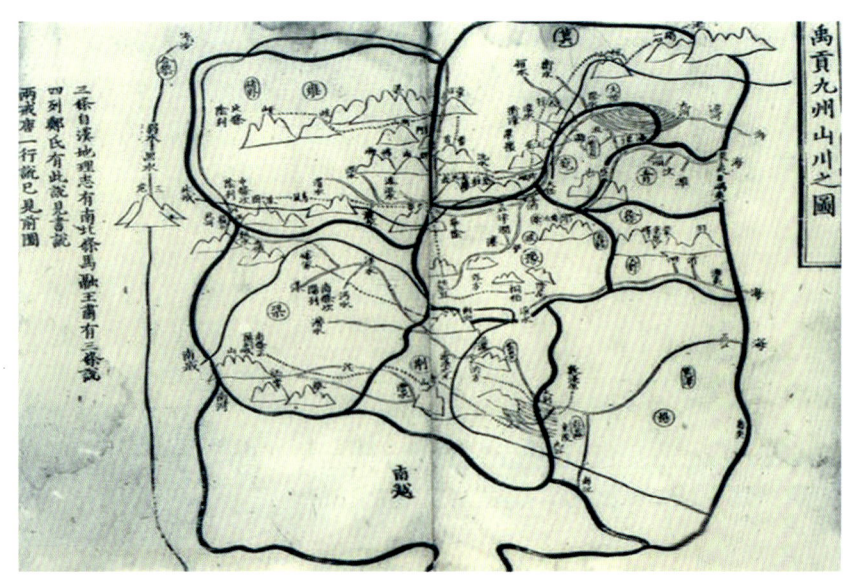

禹贡九州图

蚩尤城旧址

西阴村遗址

东下冯遗址

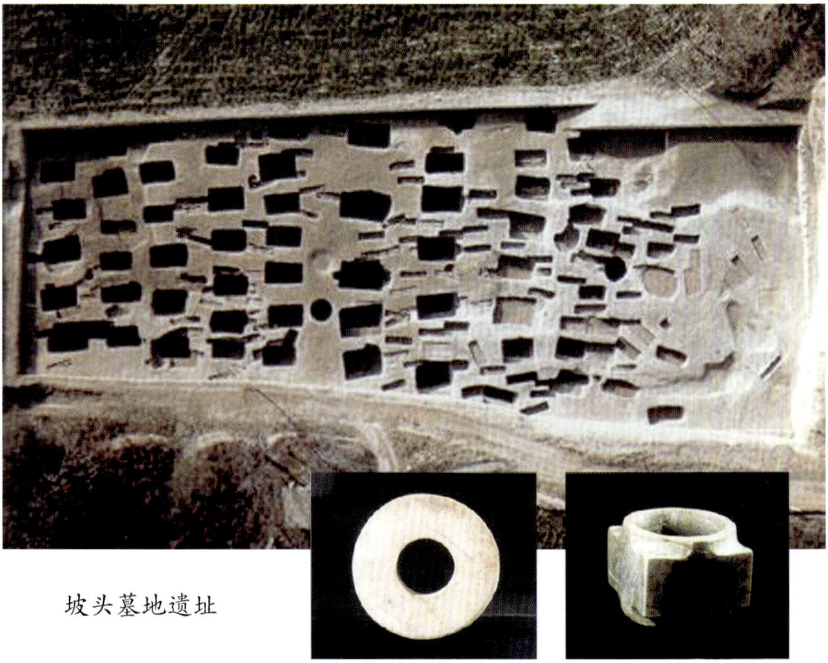

坡头墓地遗址

池神庙三大殿

明代河东盐池之图

宋·《本草·解盐图》

虞坂古道

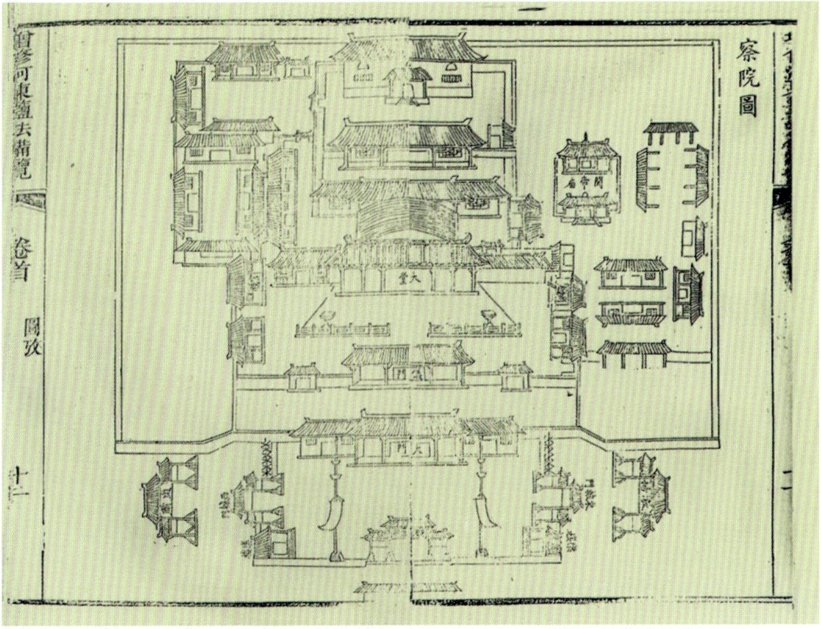

《增修河东盐法备览·察院图》

运城钟楼旧貌

运城老东门

河东盐务稽核分所旧址

序　言

运城古称"河东",境内现存有丰富的古人类活动遗迹与文化遗存,是中华先民繁衍生息的重要区域,在中国古文化史上具有重要的历史地位。进入文明时期以来,运城又是华夏文明的重要发祥地,是尧舜禹活动的中心区域。文献有"尧都平阳、舜都蒲坂、禹都安邑"之说,还有"尧初都蒲坂"之说,这说明尧舜禹时代帝王建都之地都在古河东一带。彼时方国林立,社会文明已发展到一定高度,国家雏形开始出现,"帝王所都为中",被视为"万国之中"即"中国"。河东一带也就理所当然成为古代最早被称作"中国"的地方,故曰"古中国"。考古发掘成果已然表明:"尧舜禹时代"是信史,"尧都平阳"也是信史。既然如此,那运城境内丰富的尧舜禹文化遗存就不是无稽之谈,"舜都蒲坂,禹都安邑"甚至"尧初都蒲坂"也绝非空穴来风。考古为运城"古中国"历史文化特色定位提供了重要的支撑。

1990年我提出了"河东最早称'中国'"这一口号,1993年又撰文论述了《河东,华夏文明的摇篮》。这些可以视作向外推介"运城·古中国"的最初尝试。从那时开始,20多年来又

陆续写过一些文章,从不同角度对河东历史文化及"运城·古中国"内涵进行诠释、解读。2014年5月,市委市政府制定了"打造以'古中国'为标识的国际旅游目的地"的文化战略。一年来,我又写了一些论证"运城·古中国"的文字,在原有基础上,认识又有深化。近年来,全国许多专家都参与到论证运城历史文化特色这个课题之中来,写出了高质量的文章,发表了许多高见,大大提升了研究的广度和深度,而我自己也从中学到不少东西,得到了提高。为进一步弘扬"运城·古中国"历史文化特色,塑造运城的良好形象,助推社会经济发展,现将这些有关文章汇集起来著为一册,以飨读者,并就教于方家。

本书收有文章44篇,分为四个部分。第一部分"发现古中国",收有论证"运城·古中国"文章20篇。第二部分"初识盐文化",收有论述河东盐文化的文章9篇。第三部分"回眸老运城",收有记述运城城市历史风貌的文章9篇。最后"附录"部分7篇文章,有两篇是回忆,另外5篇是与"古中国"相关的文字。希望能有助于读者对"运城·古中国"文化特色的了解。

此书的出版得到了运城市人民政府王清宪市长的关怀与大力支持,得到运城市委常委、宣传部于波部长、运城市外事侨务和文物旅游局李苏杰局长以及相关部门同志的支持。谨此表示感谢!

二〇一五年六月

目　录

发现"古中国"

"'中国'一词最初指的是晋南一块地方" …………… 3
关于运城"古中国"历史文化特色定位的思考 …………… 7
关于"运城·古中国"访谈录 …………… 29
联赞"运城·古中国" …………… 68
河东最早称"中国" …………… 74
河东——华夏文明的摇篮 …………… 76
中国、华夏与河东 …………… 85
"中条山"得名于何时 …………… 88
五老峰的传说 …………… 91
"陶寺"得名考 …………… 94
"尧民击壤"是怎么回事 …………… 97
鸣条舜迹漫考 …………… 102
有虞氏与酒的发明 …………… 109
巨灵神的传说 …………… 114
烁誉古今首山铜 …………… 116

"安邑"何以称"安邑" …………………………… 119
"解州"之"解"应保留 hài(亥)的读音 ………… 121
"殷灭皮氏"考 ………………………………… 127
"祖乙迁耿"申说 ……………………………… 133
解"豫"说"秦" ………………………………… 136

初识"盐文化"

运城盐池的历史人文特色 …………………… 141
帝国主义掠夺运城盐池的历史见证 ………… 151
最能代表运城的字——鹽 …………………… 155
盐池古者谓之"盬" …………………………… 159
浅谈运城别称之"鹾" ………………………… 163
《咸池》最早记述了黄帝与蚩尤盐池之战 … 167
谯楼·钟楼·通惠楼 ………………………… 176
重修运司署大堂的董崇仁 …………………… 180
盐池与海 ……………………………………… 185

回眸"老运城"

运城始建于何时 ……………………………… 189
再说"运城始建于何时" ……………………… 194
"凤凰城"得名的由来 ………………………… 201
中华第一村——路村 ………………………… 203
是"路村",不是"潞村" ……………………… 205
留住"老运城"的记忆 ………………………… 208

◎目　录

关于城市规划和文化建设的几点建议 …………… 213

隽(juǎn),河东安邑陬(zōu)也 …………… 216

重修运城鼓楼碑记 …………… 219

附录

最早推介"运城·古中国"的尝试 …………… 223

关于"地招两座小洋楼"一文写作的经过 …………… 231

我们为什么反对日本人称中国为"支那" …………… 238

《唐风》亦是运城地区民歌 …………… 244

河东丰厚文化底蕴又一精彩展示 …………… 248

河东倡廉歌 …………… 254

运城三字经 …………… 260

发现"古中国"

◎发现"古中国"

"'中国'一词最初指的是晋南一块地方"

——"古中国"地名的权威论述

"中国"一词在不同历史时期所涵盖的意蕴不同。它最早出现于尧舜禹时代;它的最初含义是指"京师",即帝王建都的地方。

我们知道,古代在没有形成统一的国家之前,中华大地是由一个个部族组成的。这些部族有大有小,有的甚或几个聚落、聚邑(村、镇、城)就算是一个"方国"。故史称"夏有万国","商国三千","周有诸侯八百"。天子(天下的共主、部落联盟的领袖)建都之地(一般在自己的宗国)为"万国之中"或"中央之国",故称"中国"。汉代的训诂大家刘熙说:"帝王所都为中,故曰中国。"这就是"京师"最初被称作"中国"的由来。

上古最早有"中国"之称始于尧舜禹时代。陶寺遗址等地考古发掘表明,当时已经有了国家的雏形。《帝王世纪》曰:"尧都平阳,舜都蒲坂,禹都安邑。"因此,我国历史上最早的"帝王所都"之地都在河东,最早称"中国"的地方,只能是河东这块风水宝地。古史中第一次君权禅让,即舜继尧位,《史记·五帝本纪》是这样记述的:"尧崩,三年之丧毕,舜让避丹朱(尧之子)于南河之南。诸侯朝觐者不之丹朱而之舜,狱讼者不之丹朱而之舜,讴歌者不讴歌丹朱而讴歌舜。舜曰:'天也!'夫而后之中国践天子位焉。"所谓"之中国践天子位焉",就是"到京师登上了天子宝座"。裴骃《史记·集解》在这里引述了刘熙的话:"帝王所都为中,故曰中国。"这个把"京师"称为"中国"的书例,记载的是尧舜时代的事情。而在此之前国家的形态尚未形成,黄帝、炎帝、颛顼等古帝建都的地方,都还不能称为"中国"。

对此,我国著名的考古学家苏秉琦先生在《华人·龙的传人·中国人》一书中曾有精辟的论述。他说:

"史书记载,夏代以前有尧舜禹,他们的活动中心在晋南一带。'中国'一词的出现也是在此时,所以史称舜继位要'之(到)中国'。后人解释说:'帝王所都为中,故曰中国。'由此可见'中国'一词最初指的是晋南一块地方,即'帝王所都'。中原仰韶文化的花(华)和北方红山文化的龙,甚至江南的古文化都相聚于此。这倒很像是车辐聚于车毂,而不像光、热等向四周放射。这样,我们所讲的'中国'一词,就把'龙'和'华'都揽到了一处。"

20多年来,"'中国'一词最初指的是晋南一块地方"这一关于"古中国"地名的权威性论述,已成为学界的共识,1988年全国高考语文试题曾将此作为例文。

当然,尧舜禹之后,夏族逾河东向,进入豫境,建夏朝都于河南,历四百年而亡;继之商人崛起,建商朝都于河内,历

◎发现"古中国"

六百年而亡;再到武王灭纣后,周室先都于镐京,后都于成周,历西周、春秋、战国诸时期,八百年后为秦所统一。以上三代建都的地方也都号为"中国"。因此,作为"京师"意义的"中国",在最初不是一成不变的,而是移动的、随代而迁的。

例如,近年考古发掘出阳城(今河南登封)、二里头(今河南偃师)等地夏代各王都城的遗址,应该就是夏代被称为"中国"的地方。(注意:夏都和禹都不是一回事)

又如,《诗经·大雅·荡》:"文王曰咨,咨汝殷商。如蜩如螗,如沸如羹。小大近丧,人尚乎由行。内奰于中国,覃及鬼方。"这是记录周文王"叹纣之辞",诗中所说的"中国",当指商的京师朝歌(在今河南淇县)。(注意:殷商曾多次迁都,朝歌是纣王受辛的王城)

再如,1963年在陕西宝鸡出土了西周初年的青铜器"何尊",尊上刻有122字的铭文,记载了周成王营建洛邑王城的事情。文末曰:"唯武王既克大邑商,则廷告于天,曰:余其宅兹中国,自之牧民。""宅兹中国,自之牧民"意思是:建都城于此,在这里统管全国民众。铭文里的"中国"是指洛邑(在今洛阳一带)。

有人以河南历史上既是夏商周建都地,又有"中原""中州"之称,认为"中国"一词只是指河南,这是缺乏分析的。如前所述,"中国"之称是从尧舜禹时代就开始有了的,那时候的京师在河东的平阳、蒲坂、安邑。如前引述的《史记·五帝本纪》:"尧崩,三年之丧毕,……(舜)而后之中国践天子位焉",这里的"中国"当指舜都蒲坂。河南虽有许多地方较长时间亦

称"中国",但是是在尧舜禹之后,不是"最早"。至于"中原""中州"都是周、秦以下才有的名称,更不足为据。而秦统一以后的"中国",从词义上讲,已基本没有"京师"的涵义,和我们现在所说的'中国'没有太大的不同了。

"河东最早称'中国'"是不刊之论。

"古中国"之称首指河东。

(2014年8月)

◎ 发现"古中国"

关于运城"古中国"历史文化特色定位的思考

2014年以来,市委、市政府提出大力发展旅游文化事业,把运城打造成以"古中国"为标识的国际文化旅游目的地。这是一个塑造运城形象的重大决策,对促进全市社会经济发展有着重要意义。那么,什么是"古中国"?把运城历史文化特色定位为"古中国"究竟有哪些依据?运城为什么会成为"古中国"的肇源地?应当怎样正确理解"运城·古中国"的历史文化特色定位?现试就这些问题作以探讨,不当之处,请批评指正。

第一个问题:什么是"古中国"?

我们知道,"中国"是一个神圣的名号,而界定"中国"和"古中国",却是一个十分复杂的问题。"中国"有历史的中国、现实的中国、政治的中国、文化的中国、地理的中国、民族的中国,以及作为"文明—共同体"的中国、作为"民族—国家"的中国,等等,各种分类、各种提法。即便是历史上的中国,一个周朝,"中国"一词所含意蕴即有六七种之多:首指京师,又指国中，又指畿甸，又指天子统辖地区，又指天子分封的诸侯国，还指中原诸国，等等。长期以来，参与对"中国"概念的探讨、诠释的不仅有当今学人，也有古代先贤；不仅有东方学者，也有西方人士。总之，各是其是，各表其是，众说纷纭。那究竟什么是"古中国"？广义地讲，1911年辛亥革命之前的中国，都可以叫作"古中国"。但我们所说的"古中国"并非如此宽泛，用最简便的一种标准来界定它，那就是文献有记载的历史上最早使用"中国"名号的地方，也即是最早被称作"中国"的地方。

那这个"古中国"，具体又是指什么时段，是什么样的含义，在什么地方，文献又是如何记述的呢？这要先从中国古代历史时期的划分说起。

泱泱中华，历史悠久，进入近代文明社会之前，经历过古国——方国——帝国三个时代。大约7500多年前，中国社会进入"古国"时代，大约4000多年前进入"方国"时代，2000年前进入"帝国"时代。而对照传统的历史文献，"古国时代"大体相当于"五帝"中的黄帝、帝喾、颛顼之前的时代；"方国时代"（又称"王国"时代或"邦国"时代）大体相当于尧、舜、禹及夏、商、周时代；"帝国时代"即是自秦统一六国、建立中央集权制度的封建帝国以来，直至清王朝覆灭。此前之历史可以算作广义的"古中国"时代。而在这三个历史时期中，"方国时代"开始进入文明程度较高的阶段，有了城市，有了祭祀礼器，有了文字，有了贫富的分化，有了王权等"国家"所必备的要素，于是出现了国家雏形。中华大地方国林立，"天子"（诸

◎发现"古中国"

侯联盟的领袖、天下共主)所居之地,被视为"中央之国"、"万国之中",即"中国"。

在20世纪后期,考古发掘发现了襄汾陶寺龙山文化遗址,著名考古学家苏秉琦先生据此提出:"夏代以前有尧舜禹,他们的活动中心在晋南一带。'中国'一词的出现也正在此时,所以称舜继位要'之中国'。后人解释:'帝王所都为中,故曰中国'。由此可见,'中国'一词最初指的是晋南一块地方,即'帝王所都'。"这在事实上为我们提出了最早使用"中国"一词的具体时间和地点。时间是从尧、舜、禹开始延及夏、商、周时代,地点是晋南一带,也就是古河东地区,今天的运城、临汾两市。

但是,"中国"一词在甲骨文中尚未出现;金文最早见于《何尊》:"武王既克大邑商,则廷告于天曰:余其宅兹中国,自之牧民。"文献中最早见于《尚书·周书·梓材》:"皇天既付中国民,越厥疆土于先王。"可知从西周时代才开始使用"中国"一词,而它最初的含义是指帝王建都的地方,即"京师"。

而关于"中国"概念的形成、演变和性质,苏秉琦先生也有一段精辟的论述,他说:"与国家形成的历史同步发展,'中国'的概念也相应地经历了'三部曲'的发展。古史所载万邦林立的'尧舜时代',各邦的'诉讼'、'朝贺',由四面八方'之中国',出现了最初的'中国'概念。……这时的'中国'概念也可以说是'共识的中国'。而夏、商、周三代,由于方国的成熟与发展,出现了松散的联邦式的'中国''天下'。周天子的'普天之下,莫非王土,率土之滨,莫非王臣'的理想变成现实的

是距今2000年前的秦始皇统一大业和秦汉帝国的形成。"这再次说明：历史上"中国"的概念产生和发展经历了"共识的中国""松散的联邦式的中国""现实的统一的中国"这样三部曲。"古国时代"尚无"中国"之概念，"中国"一词最早被人们使用始于"方国时代"，即尧、舜、禹时代，而这个时候的"中国"，还只是"共识的中国"。即是人们所共同认可的"中国"，还不是后来人们所说的作为国家实体的"中国"。

因此，具体地讲，我们所说的"古中国"，不是泛指"古代的中国"，而是特指中国历史上具备国家形态之初，最早的以帝王所都为核心的文明荟萃之区，亦即是"方国时代"人们所"共识的中国"。简言之，"古中国"指的是尧舜禹建都的地方。它的特点是：一、文明程度较高，已经具备"国家"的雏形；二、时间为从尧、舜、禹开始延及夏、商、周；三、社会形态是"方国"林立，而以"帝王所都"为"共识的中国"；四、是以京师为核心的区域。

第二个问题：运城称作"古中国"有哪些依据？

一、运城是尧舜禹活动的中心区域
——是拥有"帝王之都"的"古中国"

关于运城与尧舜禹的关系，除古文献记载外，当今许多学者都有精辟的论述。苏秉琦先生说："夏代以前有尧舜禹，他们的活动中心在晋南一带。"李学勤先生也说："尧都平阳

◎发现"古中国"

(今临汾),舜都蒲坂(今永济)已成定论,它们都在运城附近。《孟子》所谓'(舜)卒于鸣条',鸣条就在这里。所以说,运城是尧舜禹活动的中心区域。"

(一)"尧都平阳,舜都蒲坂,禹都安邑"都在运城附近;"帝王所都"为"中国",运城是当然的"古中国"

如前所述,历史进入"方国"时代,从尧舜禹开始称"帝王所都"为"中国"(共识的中国)。按照这个标准,则史籍所载的"尧都平阳,舜都蒲坂,禹都安邑"皆可以称作"中国"。"尧都平阳"在临汾市,已为陶寺考古发现所证实,而"舜都蒲坂""禹都安邑"都在今天的运城市境内,这两个地方也是古代最早有资格称作"中国"的地方。尧、舜、禹在位统共不过100多年,属于同一个时代,是一个不可分割的整体。陶寺遗址发掘的成果已证明了尧舜禹不是传说,而是信史;"尧都平阳"不是传说,也是信史。运城虽至今还未发现陶寺那样大型考古遗址,但历史上大量的文献记载也非空穴来风,"舜都蒲坂""禹都安邑"也是不刊之论,运城理所当然是"古中国"。

(二)《孟子》称舜继尧位"之中国","中国"指"舜都蒲坂",蒲坂应是典籍中最早有记述的"中国"

典籍中称尧舜禹建都地为"中国"的一句话,是对尧禅舜继的最早记述。这句话我们通常看到的、引述的多是《史记·五帝本纪》的章句:"尧崩,三年之丧毕,舜让辟丹朱于南河之南。诸侯朝觐者不之丹朱而之舜,狱讼者不之丹朱而之舜,讴

11

歌者不讴歌丹朱而讴歌舜。舜曰：'天也！'夫而后之中国践天子位焉。"其实，这是《孟子》里的一段话，《史记》把它照搬了过来。那这里的舜"之(到)中国践天子位"究竟是"之"哪里？毫无疑问应该是"之舜都"；"舜都蒲坂"，故只能是"之蒲坂"。王利器先生主编的《史记译注》对"之中国"的注释也肯定地说是"之舜都"："中国，此指国都之中，舜都所在地。"蒲坂有尧巡首山遇五老的传说见于《竹书纪年》，亦有尧禅让台的遗址，典籍又说"尧尝都蒲坂"。这些实际上都是舜继尧位"之中国"的另一种说法，其本真事实应即"舜继尧位于蒲坂"。

又《尚书·舜典》记载，尧七十三岁时舜"受终于文祖"，舜摄政"二十有八载，帝(尧)乃殂落"。二十八年间，曾另营建都城于蒲坂，故《帝王世纪》有"舜营蒲坂"之说。

另外，《汲冢竹书》《韩非子》等书又有"舜放(囚)尧于平阳"之说，果如此，则舜摄政期间已居于蒲坂。

据此，《孟子》所载"(舜)而后之中国践天子位焉"，当是回到蒲坂登上天子大位。《孟子》之前文献尚无直接称尧舜之都为"中国"者，故典籍中有记述的最早的一个"中国"（京师)，应为运城境内的蒲坂。

(三)《禹贡》称大禹治水后，九州财货"赋中邦(国)"，"中邦(中国)"即是蒲坂、安邑

《禹贡》是《尚书·夏书》中的一篇，是我国古代一篇地理学经典，内容以大禹治水相贯穿。书中讲治水成功，九州的物产从四面八方贡赋皆"达于河"，送至冀州河东帝都。书中说：

"九州攸同,四奥既宅……四海会同,六府孔修。庶土交正,底慎财赋;咸则三壤,成赋中邦。"蔡沈注:"中邦,中国也。""成赋中邦"谓完成赋税,运往京都。"中邦""帝都"在哪里?大禹治水成功时尧已过世,故这里所说的"中邦""帝都"只能是指"舜都蒲坂"和"禹都安邑"。《禹贡》成书于战国初年,书中观点反映出当时人们心目中的尧舜禹时代的中心地区——"古中国"就在运城一带。

(四)运城不仅有"舜都""禹都",亦是帝尧活动的中心区域

关于"尧都"所在,文献记载除"平阳说"外,亦有"蒲坂说""安邑说"。如《汉书·地理志》:"蒲坂,有尧山。"阚骃《十三州志》:"蒲坂,尧旧都。盖尧尝亦都此,后迁平阳。"《水经注》:"雷首,俗亦谓之尧山。山上有故城,又曰尧城。"《通典·州郡典》:"蒲州,唐、虞所都蒲坂也。""安邑,尧舜旧都。"这些记载至少说明蒲坂、安邑都是尧活动的重要地区。

尧在运城市境内的文化遗存也十分丰富。今永济中条山有五老峰,《今本竹书纪年疏证》载:帝尧率舜及众大臣"升首山,遵河渚,有五老游焉。相告曰:河图将出,告帝以期,知我者重瞳黄姚。五老因飞为流星,上入昴","帝使四岳锡虞舜命"。于是尧禅位于舜。五老峰亦由此而得名。自五老峰南行不远,山上又有"尧王台"遗址,传说是尧帝的祭天台、禅让台,尧舜禅位大典就是在此举行。"尧王台"或即《汉书·地理志》之"尧山"。此说见载于汉籍,始出当不晚于周秦。

另外,绛县关于尧的传说也很多。有传为尧出生地的"尧寓村",当地考古发现有新石器时代遗址,有"唐尧寓处"古石碑、石匾,出土有石铲、石斧、石刀、陶碗等器物;还有所谓尧建都的"尧都村",尧暗访时住宿的"宿尧村",尧巡行住过的"尧寺村"等等。当地的"尧的传说"被列为国家级非物质文化遗产。另在盐湖区(旧安邑县)亦有传说尧访贤梦见舜的"尧梦(姚孟)村"等。

这些记载和传说表明,古代尧、舜、禹不可分割,古"河东"也不可分割,临汾、运城都是尧、舜、禹活动的中心地区,是最早称"中国"的地方。

(五)与陶寺遗址文化特征相似,考古发掘表明:运城是早期中华各种文化交汇的中心区域

运城虽然尚未发现尧舜禹时代的王城遗址,但龙山文化陶寺类型的遗址在各地多有发现。尤其是 2004 年发掘的芮城坡头墓地遗址,其考古文化"综合性"特征,同陶寺文化集红山文化、大汶口文化、良渚文化以及当地仰韶文化等各种元素于一身,融合、结晶、升华极其相似。考古发掘报告称:"墓地所在区域是中原核心区域,也是庙底沟二期文化的腹心地区。墓区现象表明当时史前中原地区正处于一次大规模文化变革,周边各种文化因素和观念在这里汇集","它的发现有可能改写上古历史的结论"。这说明运城地区至少从仰韶文化开始,就已成为中华各种文化交汇、碰撞、融合的中心舞台,成为华夏文明形成的重要核心区域。

◎发现"古中国"

另外,夏县东下冯遗址被称为二里头文化东下冯类型,遗址处于文献记载"夏墟"范围之内,其1—4期文化遗存大致在夏纪年之内,对探索夏文化有着标志性的意义。近年发掘的夏县辕村遗址,出土有夏代铜角等礼器,有专家认为或可为夏都安邑提供依据。

二、运城是华夏文明发祥的核心地区
——是号曰"华夏之根"的"古中国"

春秋以下"中国"相对于"四夷",又称"华夏"。而"华夏"之根则在河东。运城是华夏文明重要发祥地。

(一)"夏人"崛起于河东,"夏,中国也"
《说文》:"夏,中国之人也。"《汉书·地理志》颜师古注:"夏,中国。"《后汉书·班彪传》李贤注:"夏,中国也。"《战国策·秦策》:鲍彪注:"夏,中国也。"

夏人原本是黄帝族的一支,很早以前由西北高原迁来河东,并在河东崛起。历史上称夏人生活过的地方为"夏墟""大夏"或"有夏之居"。除"有夏之居"位于伊洛外,史籍所载的"夏墟""大夏"尽在河东。据古史专家刘起釪先生统计,史籍中记载的"夏墟"有两个,一个在今翼城、绛县、侯马一带,即周初唐叔虞封地;一个在今夏县、平陆、安邑一带,即西周虞仲所封之地。而称"大夏"的地方共有五处。其一在唐,即上述翼城、绛县一带;其二在平阳,即今临汾一带;其三在安邑,即今夏县、平陆、盐湖一带;其四在晋阳,即今永济、虞乡一带;其五在鄂,即今乡宁、河津一带。当然这只是史籍中提到并被保留下来的几个称"大夏""夏墟"的地方,并不等于河东只有这几个地点是夏人居住过的。揆诸当时的历史情况,河东地区可能还有夏人聚居之地,均可称为"大夏"或"夏墟"。"夏"以此而得名,故代指"中国"之"夏"地,主要在今运城、临汾两市。运城亦是"中国"。

(二)"华"之得名亦与河东相关

"华"字作为"中国"的代称,有超越"夏"字后来居上之势。至今"华"已经成为我们国家、民族的总代称。关于"华"的起源主要有三种说法,都与运城有关。

一为"华山说"。认为"华族"是居住在华山附近一个部族,以华山而得名。而古人又认为华山在远古时代是与中条山连为一体的,晋人《搜神记》称其两者为"二华之山",而中条山至今还有"东华山"之称。故河东之运城亦是"华族"发源地。

二为"华水说"。认为古代汾水下游有一条支流名叫"华水",华水出自今稷山、乡宁的华谷(峪),今稷山犹有华峪镇,乡宁犹有黄华峪。居住在华水流域的夏人,以其所居地之华水来命名自己的部族,其他人也称他们为"华人"。

三为"玫瑰花说"。认为仰韶文化的标志是彩陶制器上有大量的玫瑰花图案。生活在仰韶文化地带的自关中到中条山及黄河两岸的先民,以玫瑰花图案为图腾,他们穿着带有华

◎发现"古中国"

美图饰的衣服,因而被称作"华人"。

可见作为"中国"的代称,"华""夏"之名的产生都与运城息息相关,故运城无愧"华夏之根"美誉,亦无愧"古中国"之名。

(三)夏、商、周三代继尧舜禹而起,均与河东有重要联系

夏人由河东崛起后,创造了灿烂的文化。夏与唐、虞结为部落联盟,共同构建了尧舜禹辉煌时代。夏禹晚年,传位予皋陶而皋陶早逝,又传位于伯益。禹死后,庶民拥戴禹之子夏启为君主。由此发端,先圣之"传贤不传子"的"官天下",变为"世袭罔替"的"家天下"。夏族亦自此逾黄河而入豫境,东进中原并由启建立夏王朝。后历十七帝、四百七十一年,以汤伐桀于鸣条而亡。有夏一代,可谓"兴于河东,亡于河东"。

商人虽起源于东夷,但其始祖契之母简狄系有娀氏之女,而有娀氏栖居地则在蒲州(见《史记·殷本纪·正义》)。作为东夷部落的首领,契曾在尧舜联盟政权中担任重要职务。典籍记载他曾助禹治水有功,后被舜任用为大司徒,商汤灭桀而代夏,战于安邑鸣条。垣曲有早期商城,汾阴有汤王陵,闻喜有汤王山,河津有耿都,平陆有傅岩,盐湖有汤里村。运城市境内殷商遗存颇多。

周人为夏族之一支。其始祖为后稷,传说是其母有邰氏之女姜嫄履巨人足迹怀孕而生,因一度被弃养,故名弃。稷善于种植各种粮食作物,在尧舜时代曾任农官。其出生地在闻喜冰池村(当地近年发现有新石器遗址),其教民稼穑之地在

稷山。后稷的曾孙公刘,夏末率领族人自河东迁往今陕西的邠地定居。到后稷十二世孙古公亶父,再次由邠迁到岐山下的周原。周族大力发展农业,逐渐强盛起来,到周文王姬昌时成为方伯。后文王之子武王姬发,联合天下诸侯伐灭商王受辛,建立了周朝,历西周、春秋、战国共800余年。

(四)河东为"法统观念上的崇高区域",商、周、晋、魏皆自奉承继"夏统"

中华民族历来十分注重法统,历史上每一个朝代或政权,都特别看重它的正统性。由河东崛起而建立的夏,是古史上第一个君主世袭的王朝。因为尧舜禹建都于河东,继之而起的夏朝的影响力又十分强大,河东便"成为法统观念上的崇高区域"。商人灭夏,定要翻越中条,跨越黄河占有河东,其意义主要在于从法统观念上最后取代夏人,获得"正统"地位。周人最初起兵灭商,打的也是"反商复夏"的旗号,灭商后便自奉继承了"夏统"。周天子自己统辖的地区称作"区夏",他所分封的许多诸侯国不称"诸周",而称作"诸夏"。姬周八百年虽始都丰镐,迁都成周,但一直十分重视河东,初始分封就将武王之子封于夏墟之唐(今翼城)、郇(今临猗)等地。战国时期韩、赵、魏三家分晋后,惟魏国一家可以"承晋绪"而"继夏统",韩、赵则无此资格。一个重要的原因,是晋、魏的封国都在夏人之故墟,由此天然产生一种正统的自豪感和使命感,同时也获得了历史的"正统"的认可。由此可见河东在古代法统体制中地位之重要。

◎发现"古中国"

（五）"中条山处在中国文明起源的黄金地段"

中条山横亘于山西南端，主要在运城境内。它的北面是汾运盆地，南面是黄河谷地。有考古学家认为："在地理位置上，中条山处在中国文明起源的黄金地段。"他解释说：中国在古代习称"华夏"，而"华"与"夏"都同中条山有关。"华"字得自华山。"夫中条之山者，盖华岳之体也"，古人把中条与华山看作一体，只是被黄河割开。华夏的"夏"，得自"大夏"、夏朝。在考古学上，代表夏朝的"二里头文化"地兼中条山的两面。历史文献中说中条山以北有"夏墟"，南面偏东一带是"有夏之居"。夏朝的地域，跨越中条山南北。

中条山有丰富的铜矿，中部北侧又有巨大的河东盐池。中条山脉在资源上强力支持了夏族的兴旺，也为尧舜禹在运城一带建都奠定了强大的经济基础。史书所记尧舜的传说多在中条山以北，这或许暗示着夏族的渊源所在。中条山对哺育中国古代文明做出了重要的贡献。

运城得天独厚的盐湖和铜矿资源，成为华夏文明快速起步的重要条件。传说上古黄帝与蚩尤争夺盐池的战争，就发生在这里。另外闻喜发现有夏代的采铜遗址，永济、夏县都出土有夏代青铜器。这些都可助证上述的说法。

三、运城系"冀州"源头、处"九州"腹里
——是位居"天下之中"的"古中国"

"中国"又号"冀州"，运城为"冀州"之源，地理位置处于上古"九州""天下"之中心。

(一)"冀州为'中国'之号","冀州"之源在运城

《左传·哀公六年》:"惟彼陶唐,帅彼天常,有此冀方。"杜预《注》:"唐、虞及夏同都冀州。"孔颖达《疏》:"尧治平阳,舜治蒲坂,禹治安邑。三都相去各二百余里,俱在冀州,统天下四方。"罗泌《路史》:"中国总谓之冀州。"顾炎武《日知录》:"古之天子常居冀州,后人因以冀州为中国之号。……《正义》曰:冀州者,天下之中州,唐虞夏殷皆都焉。""冀州"的源头在哪里?《吕氏春秋》曰:"两河之间为冀州,晋也。"刘起釪先生说:"冀州的原始境地在晋南。"《水经注》引相璠曰:"今河东皮氏县有冀亭,古之冀国所都也。"杜预《春秋地记》:"冀,国名,平阳皮氏县东北有冀亭。"刘起釪先生认为,"冀国即为夏人所建之国",古国"冀"也由此成为天下九州之中心"冀州"命名的依据,而"冀州"在历史上也被作为"中国"的代称。

另外,罗泌《路史·后纪四》又曰:"传(黄帝)战执(蚩)尤于中冀而诛之,爰谓之'解'。"

古"皮氏"即今之河津,"解"即今之盐湖、解州。"冀州为中国之号"源自皮氏,"解"又被称为"中冀",故运城地区是"冀州"的源头,是"古中国"。

(二)河东居"三河"其一,是最早的"天下之中"

提到"天下之中"人们往往会首先想到洛阳。不错,《史记·周本纪》中周公是说过洛邑为"天下之中"的话,但那是在

◎发现"古中国"

西周初年。而在尧舜禹时代,舜继尧位回河东,被称作"之(到)中国",就是从那一带出发的;当时那里被称作"南河之南",还不是最初的"中国"。司马迁在《史记·货殖列传》中又说:"昔唐人都河东,殷人都河内,周人都河南。夫三河在天下之中,若鼎足,王者所更居也,建国各数百千岁。"这里所说三足鼎立的"天下之中",首先是由尧舜禹时代的"河东"发端,夏人东进豫境后才有了"殷人都河内,周人都河南",也才有了周公所说的"天下之中"。它反映的是司马迁的"天下观""中国观":"天下之中"自河东始。文中所说的"三河"用的都是西汉的郡名,"河南郡"治洛阳,"河内郡"治怀州,"河东郡"则治安邑,辖有绛、平阳等二十八县。"三河在天下之中",河东郡既居"三河"其一,就不独为尧舜禹时代的"天下之中",也是夏商周时代的"天下之中",是名副其实的"古中国"。

超出本文限定的"古中国"时间范畴,延及秦汉以下来看亦犹如是。毛晋光《汉晋文化地理》说:"以西汉而论,京师设在长安,有京兆、冯翊、扶风,是谓'三辅';河东、河内、河南,是谓'三河';又有弘农,皆司隶校尉所察。以东汉而论,京师在洛阳,河东更重要,七郡亦属司隶管辖。"司隶统辖京师一带地方事务,权力很大,亦称"京牧",说明河东郡仍在"京"的范围内。书中又说"如以全国疆域而言,中古时期的长安地区、洛阳地区与河东地区,似乎构成了一个心脏地带。这里不仅政治地位重要,经济亦居于全国领先位置。"其实何止政治、经济,文化亦复如此。以语言为例,春秋时代以王畿成周之方言为"雅言"(即"通语""普通话"),而语言学家早已指

出:"当时晋国方言亦有'雅言'性质"。爰及西汉,"秦晋方言"即关中话和河东话又成为最有影响力的"通语",在《方言》所载十多种方言区中列为第一。由此看来,自尧舜禹始、历夏商周,延及秦汉,下至隋唐,河东地区政治地位优越,经济发达,文化荟萃,一直居于"天下之中"、华夏腹地,是当然的"古'中'国"。

(三)《山海经》列薄山为"中山首经"之"首"

中条山是运城境内一座最大的也是最具标志性的山脉。中条山在《左传》中被称作"首山",在《禹贡》中被称作"雷首",在《山海经》中被称为"薄山"。为什么这里的山称作"首山",这或与它地处古华夏大地的中心位置有关。试以《山海经》为例。

《山海经》是战国时期编著的一部重要的地理著作。其中《五藏山经》记有华夏大地550座山脉,共分为南山、东山、北山、西山、中山五个部分,每部分又分若干个山系,而每个山系又含若干座山脉。《中山经》是其中最重要、记载最翔实的一卷,主要记述了晋南、关中、豫西,以及河、渭、伊、洛地区的山川形势和地理环境。书中550多座山脉排序,把中条山(薄山)列入"中山"的范围;"中山经"共有13个系列,而又把中条山列为"首经"之列;"中山首经"共有山脉15座,又把中条山列为"中山首经"之"首"。其文曰:"薄山之首曰甘枣山"云云。这说明了什么?它说明春秋战国时期在人们的心目中,薄山(中条山)位居"天下之中",是"九州"理所当然的中心区域。

顾颉刚先生认为《山海经》为战国时期秦人所著,既然如此,那作者为何不将秦境内的华山列为"中山之首",而以大河之东魏国的薄山(中条山)列为"中山首经"之"首"呢?可见书中反映的是那个时代人们的共识:河东是"天下之中",蒲坂为"天下之中"。而秦国因其"近戎狄",似乎算不得"中国",故"太华之山"只能屈居"西山"之部。

(四)历代帝王视河东为"股肱郡"

古称拱卫京师之要地为"股肱郡",犹言近京畿要冲之地,如同肢体之于心脏者然。尧舜禹时代河东号曰"京师"自不必说,周、汉、唐或都关中,或都河南,亦皆视河东为"股肱"。关于河东的"股肱"作用,周代有两件大事表现最为突出。一件是周幽王死后,辅佐大臣拥立幽王的弟弟余臣在虢为王,诸侯九年不朝。晋文侯将太子从西申迎到少鄂,然后又护送到镐京,立于京师,是为周平王。3年后,平王东迁成周。正是晋文侯挽救周宗室,才有了后来300余年的东周政权。另一件见于《史记·周本纪》所载:"十七年,(叔带叛周,周襄王被逐出成周)襄王告急于晋,晋文公纳王而诛叔带。"晋右傍京师丰镐、左傍京师成周,文侯、文公两次自河东出兵勤王靖难,是历史上最典型之"股肱"作为。由于这个原因,秦汉以下皆习称河东为"股肱郡"。如《史记》汉文帝谓季布曰:"河东吾股肱郡,故特召君耳。"《三国志》魏太祖曹操谓杜畿曰:"河东吾股肱郡,充实之所,足以制天下。"唐张九龄《驾幸河东和

识读运城·古中国

御制诗》:"东顾重关尽,西驰万国陪,还闻股肱郡,元首咏康哉。"韩覃《中都议疏》:"夫河东者,国之股肱郡也。锐师精兵,皆出于此。"清叶世宽《上党》诗:"三辅真肩脊,河东旧股肱。"我们知道,春秋以下,"中国"已涵有畿辅等地,则河东实际上就是华夏腹地"古中国"。

总起来说,由于运城既拥有"帝王所都",是尧舜禹时代的政治中心;又号曰"华夏之根",是华夏早期文明的中心;亦位居"天下之中",是九州天下的地理中心,故其以"古中国"为号,可谓言之有据,当之无愧。

第三个问题:运城为什么会成为"古中国"肇源地?

这个问题的实质是:为什么尧舜禹会在河东建都?为什么运城会成为华夏文明的重要发祥地?这从根本上讲,是由于河东具有得天独厚的自然的、地理的、资源的条件。

一、关于自然条件

一是气候好。据著名科学家竺可桢先生等研究表明,早在5000年前,曾是我国气候温暖、潮湿的时期,年平均温度比现在高2—3度,降水量比现在高500—600毫米。而5000—4000年期间,即我们所说的尧舜禹时期,气候开始变化,水患稍减。运城处于北纬34—35度地带,居于亚热带与暖温带结合部,阳光照射充分,气候温暖湿润,雨量沛丰,植

◎发现"古中国"

物繁茂,适宜于农作物生长,为当地农业生产发展提供了充裕的条件。二是土地好。当地地处高原,有高山、丘陵、平原各种地形,便于人们择善而居;有深厚的黄土层,丰厚的植被,肥沃的土壤,可供耕耘种植;有众多的径流,茂密的森林,为人们打鱼、狩猎提供了环境。总之,这里解决了人们生活所必需的物质条件。关于土壤的质量,1958—1960年、1979—1985年,我国做过两次全国性的土壤普查,发现运城盆地、渭河平原和洛阳以西近河的高原,是全国仅有的三大块墣土地带。所谓墣土,是指具有约50厘米厚的人为土粪堆积层的土壤。这说明早在4000—5000年前(即尧舜禹时代之前)这里很早就有了密集的农业活动,而当时其他地区尚不具备这样的条件。

二、关于地理条件

一是地理位置好。运城居于黄土高原的东南端,处于中国大陆三级阶梯的第二阶梯。在史前时期,第一阶梯的太行山以东还是水乡泽国,第三阶梯乌鞘岭以西属于高寒地带,皆不适宜于人类栖息。而作为第二阶梯的黄土高原,尤其是山西南部黄土高原的末端,没有东边的水患,也没有西边的高寒,气候、土地条件都适宜于人类生存,因此这里很早就成了文明荟萃之区。二是地理环境好。运城襟山带河,东、西、南三面为黄河天堑,构成一个牢固的天然防卫体系;中部有大纵深腹地,北边有连绵起伏的群山为屏障,地形封闭,也相对安全,不易受到外部势力的攻击,因而人们生活相对稳定,生

识读运城·古中国

产较少受到人为因素的破坏,比较容易得到持续的发展。

三、关于资源条件

一是有河东盐池,二是有中条山的铜矿。盐既是人类的生活必需品,也是当时最大的可以交易、可以储存的物质财富、商品;铜除了生活、祭祀、生产需要外,还可用以制作兵器,是当时最重要的战略资源。河东独有的盐和丰富的铜,为当地的文明发展提供了强大的经济基础。前面已经谈过,在此不再详叙了。

总之,由于以上诸多原因,使得运城在4000—5000年前,成为当时中华大地上最适宜于人类居住的地方,农业最发达地区,也是最富庶的地区;从而成为华夏民族最早栖居、文明发展最快的地方。于是尧舜禹在这里建都,华夏民族在这里崛起,"古中国"在这里诞生。

第四个问题:怎样正确理解"运城·古中国"历史文化定位?

一、"运城·古中国"的定位与"华夏之根"的提法是一致的

现在提出"古中国"的概念,与前几年提出的运城是"华夏之根"的说法没有冲突,也不是要用后者取代前者。"华夏之根"与"古中国"大体讲的是一回事。如果说二者有区别的话,那就是:"华夏之根"侧重讲的是"文明起源";而"古中国"

◎发现"古中国"

侧重讲的是"国家起源"。我们今天提出"古中国"的概念,只是撷取了华夏文明史上一个亮点作为运城的标识而已。其实,"古中国"的内涵也是相当丰富的,不仅包括"华夏之根""根"的一段,而且可以向上向下延展,包涵全部华夏文明史。也就是说,"古中国"是河东5000年文明的一个标识,她不只是指尧舜禹建都于河东的一段辉煌历史,而是涵盖了河东在此前此后、从古到今的全部文化成果和文明状态。譬如在运城保留的大量有关黄帝、炎帝、蚩尤、嫘祖、风后、后土等历史传说、文化遗存,以及更早的西侯度遗址、匼河遗址、南海峪遗址等等,都是"古中国"形成的重要依据、重要内容,是华夏文明形成的重要基础。此后的更加灿烂的夏商周以及秦汉以下无比丰富的文化成果,则是其重要的发展,综合起来又都是"古中国"的文明成就。因此,5000年的文明成果都应当是我们宣传、展示"古中国"的重要内容,这是不言而喻的。

二、运城是"古中国",但不是全部,不是"唯一"

为什么这样讲?这不是谦虚,也不是底气不足,而是尊重历史,实事求是。如前面我们所说的,"古中国"是指尧舜禹建都的地方,是指包括临汾在内的"大河东"。我们讲"古中国"不能不讲尧舜禹,而尧舜禹又不可分隔,"尧都平阳,舜都蒲坂,禹都安邑"是一个整体;讲"古中国"必须讲大河东,而大河东亦不可分隔,临汾、运城是一个整体。只有这样认识才能准确完整地表述"古中国"的概念。从历史上看,河东从来就是同一个历史地理单元。从秦汉设置河东郡开始,两地就是一家,河东郡治在安邑,统辖24个县,包括今天的临汾市全部县市。除了宋代外,直到民国的河东道,道治在运城,统辖晋南35个县,依然包括临汾各县市在内。在这样一个区域内,从历史到文化有许多东西都是不可切分的。譬如,蒲剧是河东的老百姓都十分喜爱的古老的地方戏。前几年申报非物质文化遗产,我们能说她名字叫"蒲剧"、发源于蒲州,只属于运城,不允许临汾市也来共同申报吗?显然是不行的。因此,在"古中国"这个问题上,我们的观点是:运城与临汾同是"古中国"的"一部分";谁也不是唯一,谁也不是全部。我们的口号应当是"各美其美,美美与共",共享"古中国"之殊荣。

三、"古中国"对运城是美誉,更是历史责任

"古中国"是对运城市历史文化特色的准确定位,是运城的一个文化含金量很高的名片,可以提高运城的美誉度,给城市的发展带来巨大经济社会效益;同时也意味着一种崇高的历史责任。它要求我们更加热爱这一方热土,按照习近平总书记讲话精神,更加努力地工作,进一步弘扬中华民族优秀传统文化,以优质高效的工作,把运城的各项事业做好,全面推动社会经济发展,在实现"中国梦"的伟大实践中做出应有的贡献,以无愧于"古中国"这一光荣的名号。

(2015年1月)

◎发现"古中国"

关于"运城·古中国"访谈录

客:王先生,您好!读过您的《关于运城"古中国"历史文化特色定位的思考》一文后,我感到您的研究比较深入,论证得也比较扎实,有一定说服力。但是由于谈的是上古的事情,引用的典籍比较多,文字比较古奥,有些地方我还读不太懂。不知能不能用比较通俗的语言解读一下?

王:好的!这篇文章有一定的专业性,一下子读懂确实不大容易。我也听到过类似的反映,也考虑过就有关问题做一些通俗的解释。正好现在我们可以一起来讨论一下这些问题。

客:谢谢。那究竟什么是"古中国",能不能用一句话来概括它?

王:其实,我们所说的"古中国"也不复杂,如果要用一句话来概括,那就是历史上最早有"中国"名号的地方。或者说,就是历史上最早被称作"中国"的地方。这也是我们认定"古中国"的标准。

客:这个问题,专家们是如何论述的?

王:关于这个问题,著名考古学家、原中国考古学会理事长、北京大学教授苏秉琦先生在《华人·龙的传人·中国人》一文中曾有过精辟的论述。他说:"史书记载,夏代以前有尧舜禹,他们的活动中心在晋南一带。'中国'一词的出现也正在此时,所以史称舜即位要'之(到)中国'。后人解释说:'帝王所都为中,故曰中国。'由此可见,'中国'一词最初指的是晋南一块地方,即'帝王所都'。……距今四千至两千年间,经历了夏商周三个王朝,到秦实现统一。《史记》说:'秦以兵灭六国,并中国。'这个'中国'不同于舜'之中国'的那个'中国',从词义上讲,已经和我们现在所说的'中国'没有什么不同了。"苏先生在这里明确提出:一、尧舜禹的活动中心在晋南一带,"中国"一词的出现也正在此时;二、"中国"一词最初指的是晋南一块地方,即"帝王所都"。这就是说晋南是最早被称作"中国"的地方。1990年我在运城报上写了一篇小文章转述了这个观点,提出了一个论断:"河东最早称'中国'"。河东就是晋南,包括临汾和运城。既然河东最早称"中国",那河东就是"古中国",运城就是"古中国"的一部分。这个道理并不难懂。

客:那"古中国"这个概念是怎样提炼出来的?

王:这个问题要从古代史的分期说起。泱泱中华,历史悠久,进入近代文明社会之前,经历过古国——王国——帝国三个时代。大约6000多年前,中国社会进入"古国"时代,大约4000多年前进入"王国"(亦称"方国""邦国")时代,2000年前进入"帝国"时代。而对照传统的历史文献,"古国时代"大体相当于"五帝"中的黄帝、帝喾、颛顼之前的时代;"王国

◎发现"古中国"

时代"大体相当于尧、舜、禹及夏、商、周时代;"帝国时代"即是自秦统一六国、建立中央集权制度的封建帝国以来,直至清王朝覆灭。此前之历史可以算作广义的"古中国"时代。而在这三个历史时期中,"王国时代"开始进入文明程度较高的阶段,有了城市,有了祭祀礼器,有了文字,有了贫富的分化等"国家"所必备的要素,于是出现了国家雏形。中华大地方国林立,"天子"(诸侯联盟的领袖、天下共主)所居之地,被视为"中央之国"、"万国之中",即"中国"。

客:如何用比较准确的语言来界定"古中国"?

王:比较正式地来讲,我们所说的"古中国",不是泛指"古代的中国",而是特指中国历史上具备国家形态之初,最早的以帝王所都为核心的文明荟萃之区,亦即是尧舜禹时代人们所"共识的中国"。

客:"古中国"具体有哪些特点?

王:它的特点是:一、文明程度较高,已经具备"国家"的雏形;二、时间为从尧、舜、禹开始延及夏、商、周;三、社会形态是"方国"林立,而以"帝王所都"为"共识的中国";四、是以京师为核心的区域。

客:那"共识的中国"是怎么回事?

王:从字面上看,所谓"共识的中国"就是大家认同的"中国",也就是当时人们共同认可的"帝王所都"或者"京师"所在地区。

《孟子》记载:"尧崩,三年之丧毕,舜让辟丹朱于南河之南。诸侯朝觐者不之丹朱而之舜,狱讼者不之丹朱而之舜,讴

歌者不讴歌丹朱而讴歌舜。故曰:'天也'。夫而后之中国践天子位焉。"可见当时"天子"就位,各邦国诸侯及平民,是要到天子"所都"之地去朝觐、诉讼、讴歌的。这就承认万邦(国)之中有一个中心,这就是当时人们共同认可的"中央之国"或"万国(邦)之中",也就是"中国"。因此"这时的'中国'概念也可以说是'共识的中国'。"虽然这个中心可能还不是十分确定的,帝王在哪儿人们就到那里去朝拜,舜避让丹朱于"南河之南",人们就赶到那里去朝拜,但那里还不是真正的"中国",最后舜只好回到河东来正式"践天子位",史书称为"之中国",这说明当时人们"共识的中国"是在河东,也就是今天的临汾、运城一带。"中国"的概念也就出现在此时,"帝王所都为中"的"中国"也就在这里产生了。

客:为什么"古中国"是一种"共识的中国"?

王:所谓"共识的中国",是指"中国"最早呈现的一种形态或者概念。苏秉琦先生说:"与这一国家形成的历史同步发展,'中国'的概念也相应地经历了'三部曲'的发展。古史所载万邦林立的'尧舜时代',各邦的'诉讼'、'朝贺',由四面八方'之中国',出现了最初的'中国'概念。这还只是承认万邦中有一个不十分确定的中心,这时的'中国'概念也可以说是'共识的中国'。而夏、商、周三代,由于方国的成熟与发展,出现了松散的联邦式的'中国''天下'。周天子的'普天之下,莫非王土,率土之滨,莫非王臣'的理想变成现实的,是距今2000年前的秦始皇统一大业和秦汉帝国的形成。秦始皇所设诸郡,都是各方国及方国内原有的小国为基础的。"这就是

◎发现"古中国"

说,"中国"的概念是由"共识的'中国'"到"松散的联邦式的'中国'",再到"现实的统一的'中国'"一步步演变过来的,其中最早的"中国"性质就是"共识的中国"。所以"古中国"的形态只能是"共识的中国",时间在尧舜禹时代。

客:尧舜禹时代是不是已经有了"中国"这个词了?

王:我们知道,"中国"一词在甲骨文中尚未看到;金文最早见于《何尊》:"武王既克大邑商,则廷告于天曰:余其宅兹中或(国),自之牧民。"文献中最早见于《尚书·梓材》:"皇天既付中国民,越厥疆土于先王。"所以,历史上是从西周时代才看到有大量使用"中国"一词的。因此,古人在讨论此前相关问题时,事实上是在借用周人使用的概念来表述。但从陶寺遗址发掘出有"圭尺",即测量"地中"、"土中"的表尺来看,说明尧舜禹时代人们已经开始用它来"测影立中",确定都城地址,当时已经出现了"中国"的概念,尧舜禹建都的地方也被人们指称为"土中"、"地中",也就是"中央之国"、"中国"。

客:那"古中国"究竟是一个"点"的概念还是一个"区域"的概念呢?

王:我们知道,尧舜禹时代邦国林立,他们不仅是部落联盟的领袖,而且首先是他们各自所直接统管的部落的首领。而尧的陶唐氏部落、舜的有虞氏部落、禹的夏后氏部落都在晋南,在当时都是比较大的"酋邦"。因此我们所界定的"古中国"是一个区域的概念,不仅仅是一个城。换句话说,"古中国"不仅仅是指尧舜禹建都的平阳、蒲坂、安邑这几个城邑,而且也包括了他们各自的部落所在的地区,这个区域大体就是运城、临汾这两个市的主要部分。这和严格的考古学意义的"中国"是有一些不同的。这个问题山西省考古所原所长王克林先生曾有很好的论述。

客：好，这个问题我清楚了。那我们今天说运城是"古中国"，最直接的依据是什么？

王：应当说还是前面提到的《孟子》中关于舜继尧位"之中国"的那段话。这是典籍中对尧禅舜继的最早记述。这句话我们通常看到的、引述的多是《史记·五帝本纪》的章句："尧崩，三年之丧毕，舜让辟丹朱于南河之南。诸侯朝觐者不之丹朱而之舜，狱讼者不之丹朱而之舜，讴歌者不讴歌丹朱而讴歌舜。舜曰：'天也'。而后之中国践天子位焉。"其实，这是《孟子》里的一段话，《史记》把它照搬了过来。舜避让丹朱跑到"南河之南"（今河南）不算"之（到）中国"，而后回到河东"践天子位"才叫"之（到）中国"。可见当时人们"共识"的"中国"是在河东。

谈到这里，还要附带说明一个问题，那就是舜"之（到）中国"究竟具体是"之"哪里？毫无疑问应该是"之舜都"；"舜都蒲坂"，故只能是"之蒲坂"。王利器先生主编的《史记译注》对"之中国"的注释也肯定地说是"之舜都"："中国，此指国都之中，舜都所在地。"至于"舜都"具体在哪里，他又说："或说即尧都平阳，或说是蒲坂（今山西永济市西）。"我认为"之蒲坂"的可能性更大一些。因为：

1.蒲坂有《竹书纪年》载尧巡首山遇五老见《河图》的传说，亦有禅让台的遗址，《十三州志》又称蒲坂为"尧初都"，这些都可能是舜继尧位"之中国"的另一种说法,其本真事实应是"舜继尧位于蒲坂"。

2.《尚书·舜典》记载,尧七十三岁时舜"受终于文祖",舜摄政"二十有八载,帝(尧)乃殂落"。摄政二十八年间,舜当营建都城于蒲坂,在此执政,故《帝王世纪》有"舜营蒲坂"之说。

3.又《韩非子》等书称尧晚年"有昏德,舜攘尧于平阳",果如是,则舜居其都当在蒲坂,更不会在平阳。据此,《史记》所载"舜……而后之中国践天子位焉",应当是回到蒲坂登上天子大位。

我们知道,《孟子》之前文献尚无直接称尧舜之都为"中国"。故典籍中有记述的最早的"中国",应该是河东,具体说就是运城境内的蒲坂。而前面所说的《尚书·梓材》:"皇天既付中国民,越厥疆土予先王。"以及《何尊》里记述的"中国",都是指西周初期的京师,距尧舜禹时期已经过了1000多年,不是"最早"称"中国"的地方。

客:关于运城是尧舜禹活动的核心地区,是尧舜禹建都的地方,文献有哪些记载?

王:在这一方面,文献记载是很丰富的。例如:《史记·货殖列传》:"昔唐人都河东,殷人都河内,周人都河南。夫三河在天下之中,若鼎足,王者所更居也,建国各数百千岁。"这里所谓"唐人都河东"指的就是尧舜禹建都于河东。

《左传·哀公六年》:"《夏书》曰:'惟彼陶唐,帅彼天常,有此冀方。今失其行,乱其纪纲,乃自灭亡。'"杜预《注》曰:"灭亡,谓夏桀也。唐、虞及夏同都冀州,不易地而亡。"孔颖达

《疏》曰:"尧治平阳,舜治蒲坂,禹治安邑。三都相去各二百余里,俱在冀州。统天下四方,故云'有此冀方'也。"

《汉书·地理志》:"河东,地平水浅,有盐铁之饶,唐尧之所都也。"讲河东是唐尧所都。

晋《地理志》、太康《地道记》:"虞(舜)旧都安邑及鸣条地。"

《帝王世纪》:"尧为天子,都平阳。禹受舜禅,都平阳,或于安邑,或于晋阳。""舜所营都,或云蒲坂。""安邑为尧舜旧都,后为夏禹都。"

《十三州志》:"蒲坂,尧都。盖帝尧亦都此,后迁平阳。"

《水经注》:"雷首,俗亦谓之尧山。山上有故城,又曰尧城。"

《通典·州郡典》:"蒲州,唐尧所都蒲坂也。""安邑,尧舜旧都。"

客:文献上能够表现运城为"古中国",还有没有最直接的例证?

王:有的,这里举两个例子。一个是《禹贡》,一个是《山海经》。

《禹贡》是我国古代一篇地理学经典名著,内容以大禹治水相贯穿。书中有一个极其突出的特点:凡事皆围绕冀州帝都来进行。一是讲大禹治水的路线最先自冀州开始:"既载壶口,治梁及岐。"宋人蔡沈注曰:"冀州帝都之地,禹受命治水,所始在所当先。经始壶口等处以杀河势,故曰既载。"意思是说,治水首先要"杀河势",保障冀州帝都的安全,然后再到

◎发现"古中国"

兖、青、徐、扬、荆、豫、梁、雍各州疏通水道。二是治水成功,九州的物产从四面八方贡赋皆"达于河",送至冀州河东帝都。说:"九州攸同,四奥既宅,……四海会同,六府孔修。庶土交正,底慎财赋;咸则三壤,成赋中邦。"蔡沈注:"中邦,中国也。""成赋中邦"的意思就是完成赋税,运往京都。"中邦""帝都"在哪里?大禹治水成功时尧已过世,故这里所说的"中邦""帝都"只能是指"舜都蒲坂"和"禹都安邑"。《禹贡》据考是春秋初期所著。文中这两个特点,反映出当时人们心目中的尧舜禹时代的中心地区——"古中国"就在运城一带。

还有一个例子是《山海经》。中条山是运城境内一座最大的也是最具标志性的山脉。中条山在《左传》中称作"首山",在《禹贡》中称作"雷首",在《山海经》中称为"薄山"。为什么这里的山称作"首山",这或与它地处古华夏大地的中心位置有关。试以《山海经》为例。《山海经》是战国时期编著的一部重要的地理著作。其中《五藏山经》记有华夏大地550座山脉,共分为南山、东山、北山、西山、中山五个部分,每部分又分若干个山系,而每个山系又含若干座山脉。《中山经》是其中最重要、记载最翔实的一卷,主要记述了晋南、关中、豫西,以及河、渭、伊、洛地区的山川形势和地理环境。书中550多座山脉排序,把中条山(薄山)列入"中山"的范围;"中山经"共有13个系列,而又把中条山列为"首经"之列;"中山首经"共有山脉15座,又把中条山列为"中山首经"之首。其文曰:"薄山之首曰甘枣山"。这说明了什么?它说明春秋战国时期在人们的心目中,中条山(即"薄山")是"天下之中",是九

州理所当然的中心区域。顾颉刚、刘起釪等先生都认为《山海经》为战国时期秦人所著,既然如此,那为何不将秦境内的华山列为"中山之首",而以大河之东魏国的薄山(中条山)列为"中山首经"之"首"呢?可见《山海经》所反映的是那个时代人们的共识:河东是"天下之中",蒲坂为"天下之中"。而秦国因其"近戎狄",似乎还算不得"中国",故"太华之山"只能屈居"西山"之部。

客:这个有说服力。

王:其实还有一个例子也可以说明这一点,那就是历代帝王视河东为"股肱郡"。古称拱卫京师之要地为"股肱郡",犹言近京畿要冲之地,如同人的肢体和心脏的关系。周、汉、唐或建都关中,或建都河南,都把河东视为"股肱",如屏障。关于河东的"股肱"作用,周代有两件大事表现最为突出。一件是周幽王死后,辅佐大臣拥立幽王的弟弟余臣在虢为王,诸侯九年不朝。晋文侯将太子从西申迎接到少鄂,然后又护送到镐京,立于京师,这就是周平王。三年后,平王东迁成周。正是晋文侯挽救周宗室,才有了后来三百余年的东周的天下。另一件见于《史记·周本纪》所载:"十七年,襄王告急于晋,晋文公纳王而诛叔带。"说的是周襄王十七年叔带叛周,周襄王被逐出成周后向晋国求助,晋文公带兵接纳了襄王,诛灭了叔带,又将周天子护送回到成周。晋国右傍京师丰镐(今咸阳)、左傍京师成周(今洛阳),文侯、文公两次自河东出手勤王靖难,是历史上最典型最有名之"股肱"作为。由于这个原因,秦汉以下皆习称河东为"股肱郡"。如《史记》汉文帝

◎发现"古中国"

谓季布曰:"河东吾股肱郡,故特召君耳。"《三国志》魏太祖曹操谓杜畿曰:"河东吾股肱郡,充实之所,足以制天下。"唐张九龄《驾幸河东和御制诗》:"东顾重关尽,西驰万国陪,还闻股肱郡,元首咏康哉。"韩覃《中都议疏》:"夫河东者,国之股肱郡也。锐师精兵,皆出于此。"。清叶世宽《上党》诗:"三辅真肩脊,河东旧股肱。"我们知道,自春秋以下,"中国"已涵有畿辅、诸夏之地,则河东每有"股肱""畿要"之号,实则即为"中国"之地。也说明从尧舜禹到夏商周,这两千年间,河东一直处于"帝京"的大范围内。

客:关于运城是尧舜禹活动的中心地区,当今学者是否认同、有共识?

王:应该说学界在这一点上认识是比较一致的。像苏秉琦、李学勤等许多大家对此都有论述。如前面谈到苏秉琦先生说的:"史书记载,夏代以前有尧舜禹,他们的活动中心在晋南一带。'中国'一词的出现也正在此时,所以史称舜即位要'之(到)中国'。后人解释说:'帝王所都为中,故曰中国。'由此可见,'中国'一词最初指的是晋南一块地方,即'帝王所都'。"李学勤先生也说过:"尧都平阳(今临汾),舜都蒲坂(今永济)已成定论,它们都在运城附近。《孟子》所谓'(舜)卒于鸣条',鸣条就在这里。所以说,运城是尧舜禹活动的中心区域。"另外,2005年在运城举行的中国先秦史学会学术讨论会上,专家们对运城是尧舜禹活动中心区域是取得了共识的。而且学会做出决议,把"中国先秦史学会尧舜禹研究基地"设在运城,这本身就是一种认可。

客：除了文献外，当地有什么文化遗存可以作为证据？

王：这个也很多。先说舜。史籍记载舜生于诸冯，耕于历山，陶于河滨，渔于雷泽，迁于负夏，居于妫汭，都于蒲坂，歌于盐湖，卒于鸣条，都在运城。境内有传说、有文化遗存。鸣条岗上舜帝陵是全国重点文物保护单位，舜的传说列为国家级非物质文化遗产名录。禹的文化遗存也很多。禹凿龙门、禹都安邑、大禹渡、错开河、米汤沟、青台、禹王洞、大禹庙等等。这些都是我们知道的，不再详叙。

需要特别提出的是，尧在运城市境内的文化遗存也十分丰富。

今永济中条山有五老峰，《竹书纪年》载：帝尧率舜及众大臣"升首山，遵河渚，有五老游焉。相告曰：河图将出，告帝以期，知我者重瞳黄姚。五老因飞为流星，上入昴"，"帝使四岳锡虞舜命"。于是尧禅位予舜。五老峰亦由此而得名。我们知道江西庐山也有个五老峰，很有名的。但这个五老峰，据晋人张僧鉴《浔阳志》载，是由于"其形如河中虞乡县前五老之形，故名"。由此可知，河东五老峰这个关于尧的传说是很早很早的，应当不晚于周秦。

自五老峰南行不远，山上又有"尧王台"遗址，传说是尧帝的祭天台、禅让台，尧舜禅位大典就是在此举行。晋阚骃《十三州志》说："蒲坂，尧旧都"。《水经注》也说："雷首，亦谓之尧山，山上有故城，又称尧城。尧常亦都此，后迁平阳。"把这些联系起来看，不仅"舜都蒲坂"是可信的，而且尧曾居于蒲坂也应该是可信的。

◎发现"古中国"

另外,绛县关于尧的传说也很多。有传为尧出生地的"尧寓村",当地考古发现有新石器时代遗址,有"唐尧寓处"古石碑、石匾、出土有石铲、石斧、石刀、陶碗等器物;还有传说尧建都的"尧都村",尧巡行时住宿的"宿尧村",尧率军打仗驻扎的"尧寺村"等等。当地的"尧帝传说"还被列入国家级非物质文化遗产。

另在盐湖区(旧安邑县)亦有传说尧访贤梦见舜的"尧梦(姚孟)村"等等。古绛毗邻翼城、襄汾,其传说或与帝尧的陶唐氏部落有关,蒲坂、安邑的传说则或可助证典籍所载"蒲坂,尧初都""安邑,尧舜旧都"之说。

换言之,这些也说明了古代河东是一个整体,尧、舜、禹不可分割,运城不仅有"舜都蒲坂""禹都安邑",而且也是帝尧活动的中心地区。

客:有没有考古材料能够证实这些?

王:虽然运城还缺乏直接的考古材料来证实"舜都蒲坂""禹都安邑",但可以比照临汾的陶寺文化。因为陶寺有王城遗址,它反映的是4300—4100年前的历史文化遗存。这个时候正是文献记载的尧舜禹及夏文化时期。因此一般来说,用它来作为考证尧舜禹的材料是比较可靠的。关于陶寺龙山文化的材料,一个突出的特点就是它的"综合性"。它综合了北方的红山文化、东方的大汶口文化、南方的良渚文化以及本身所在的仰韶文化的特点,升华为比前者更高的陶寺文化,形成了一个新的文明。这一点苏秉琦先生曾有过重要论述。他在《华人·龙的传人·中国人》一文中说:"距今四五千年间,以晋南襄汾为中心的'陶寺'遗址为代表的一种古文化,人们使用大石磬与鳄鱼皮鼓随葬,反映社会发展到比红山文化更高的阶段。他们使用的具有明显特征的器物群,包括源于仰韶文化小口尖底瓶的斝,到真正鬲出现前的完整序列,源于红山文化的朱绘龙纹陶盘、源于长江下游到长江以南广大地域的综合体性质。而中原仰韶文化的花(华)和北方红山文化的龙,甚至包括江南的古文化都相聚于此。这倒很像是车辐聚于车毂,而不像光、热等向四周放射。这样,我们所讲的'中国'一词,就把'华、龙'都揽到了一处了。"苏先生在《迎接中国考古学的新世纪》一文中又说:"大致在距今4500年左右,最先进的历史舞台转移到晋南……晋南兴起陶寺文化。它不仅达到了比红山文化后期社会更高一阶段的'方国'时代,而且确立了在当时诸方国群中的中心地位。它相当于古史上的尧舜时代,亦即先秦史籍出现的最早的'中国',奠定了华夏的基础。"这说明陶寺文化是有划时代意义的,也是我们把尧舜禹时代界定为"古中国"时代的重要依据。

客:运城也有这样的文化遗址吗?

王:运城虽然尚未发现尧舜禹时代的王城遗址,但陶寺龙山文化类型的遗址亦有发现。其中最突出的是绛县周家庄遗址。2007年开始发掘的绛县周家庄遗址,是一处特大型龙山时期文化遗址,面积达500万平方米,比陶寺遗址还要大许多。其中发现有巨型环壕这种大型公共工程,为确立该遗址中心聚落地位提供了重要依据。出土遗物表明,周家庄遗址的文化面貌与陶寺遗址相似,属于龙山文化陶寺类型。

◎发现"古中国"

另外,2004年大规模发掘的芮城坡头墓地遗址属庙底沟二期文化,占地5000平方米,清理墓葬260座。墓内出土玉璧、玉钺、玉琮等玉石文物260件。专家认为:墓地所在区域是中原核心区域,也是庙底沟二期文化的腹心地区。墓区现象表明当时史前中原地区正处于一次大规模文化变革,周边各种文化因素和观念在这里汇集。而所谓"庙底沟二期"正是文献记载的尧舜禹时代。遗址的地理位置正处于有虞氏部落栖居地境内;它反映出的"史前中原地区文化大变革,周边各种文化因素和观念在这里汇集",正与陶寺文化集红山文化、良渚文化、大汶口文化以及当地仰韶文化等各种元素于一身,融合、结晶、升华极其相似。这里虽然不是传说中的尧舜之都,但文明的形成甚至早于陶寺。故专家认为"它的发现有可能改写上古历史的结论"。这说明运城地区至少从仰韶文化开始,就已成为中华各种文化交汇、碰撞、融合的中心舞台,成为华夏古文明形成的重要核心区域。

此外,夏县东下冯遗址被称为二里头文化东下冯类型,遗址处于文献记载"夏墟"范围之内,其1—4期文化遗存大致在夏纪年之内,对探索夏文化有着标志性的意义。还有近年发掘的夏县辕村遗址,出土有铜爵等礼器,有专家认为或为夏都安邑提供了实物依据。运城这些考古文化都有力地支持了"古中国"的名号的成立。

对于这个问题,我的基本看法是:运城市境内不缺少尧舜禹时代的文化遗址,缺少的是"发现"。我认为,除辕村、周家庄外,有这样两个地方也值得关注。一个是鸣条岗上的太方村,这里古称"虞城",《孟子》说:"(舜)卒于鸣条。"同时附近有舜帝陵。晋《地理志》、太康《地道记》都说:"虞(舜)旧都安邑及鸣条地。"地方志书记载,当地是舜晚年养老所居的"鸣条牧宫",近年来也有古陶器出土。故这里有可能与"禹都安邑"、"尧舜旧都"说法有关。一个是永济的古城村,即《左传》所说的阳晋城,刘起釪先生认为即是夏墟"晋阳",有可能与舜都有关。希望能够引起地方政府和国家考古专家的重视。相信若干年后,运城境内的舜都、禹都遗址一定会得到证实。

客:好,这个问题我基本上弄懂了。另外您还谈到"运城是号曰'华夏之根'的'古中国'"。请问这又是一个什么概念?"华夏"与"中国"间是一种什么关系?

王:先说概念。"华夏"是"中国"的别称。这个问题我们先做一个简单的推理。"华夏"就是"中国",运城号称"华夏之根",那运城理所当然就是"古中国",有什么问题吗?

客:当然没有问题。不过,为什么说运城是"华夏之根"呢?有什么证据吗?

王:"华夏之根"是讲文明起源的。它的基本意思是说,运城是华夏族早期栖居之地、崛起的地方,是华夏文明的重要发祥地,或者说是华夏文明发祥的核心地区。中华文明又称"华夏文明"。如前面所述,尧舜禹时代中华文明达到了一个新的高度,进入了"王国"时期,所以"中华文明探源"应当是从尧舜禹开始着手的。但尧舜禹只有100多年,时间很短,紧接着就是夏王朝。崛起于河东的夏人,东进豫境有了夏王朝,

◎发现"古中国"

而且时间很长,有470多年。因此,要研究尧舜禹主要还要从夏文化中找材料。而夏族、夏人早期生活在河东,夏文化奠定了我们中国5000年的文明基础。因此,运城自然成为"华夏之根"、华夏文明的发祥地。

今天我们所说的"华夏民族"指的是全体中国人,而历史上最初指的却只是夏族。后来周边的许多少数民族,即所谓"戎、狄、蛮、夷",接受了夏文化,逐渐融入了华夏族(后称汉族),从而使得华夏族越来越壮大,从而成为全体中国人的代称。而在这个过程中,历史上曾经存在过的许多民族,例如史书上有记载的早期的鬼方、土方、亘方、基方等,以及后来的匈奴、鲜卑、氐人、羯人、契丹、突厥等少数民族都消失了。他们跑到哪儿去了?绝大部分都融合到夏(汉)族中来了,成为华夏这个大民族中的一部分了。因此运城是"华夏之根",或者如苏秉琦先生所说,晋南文化是中华文化的"总直根"。那她也理所当然的是中华文明的重要发祥地了,称作"古中国"也应当是没有疑问的了。

客:有一个问题我一直搞不懂。就是文明和文化之间是一种什么关系?为什么专家们讲文明起源,往往要拿文化来做解释?

王:这个问题提的好。关于什么是"文明",什么是"文化",各种解释充塞书刊报章,诸说纷纭。或如有的专家所调侃的:"什么是文化,不解释还清楚,一解释反倒糊涂了。"总之,这是个比较复杂的问题。我的看法,两者有区别又有联系。文化本质是一种创造,指人类对自然、社会及自身有了一定认识后所做的改造、创新,包括物质的和精神的成果。而文明则是指一种相对静止的状态,反映的是一定时期文化发展达到的一个高度。一个文明的产生,要靠许多的文化创造成果来支撑。因此文明的发展又是一个渐进的、相对缓慢的过程,它最终是文化集群的一个结晶。

客:那"古中国"既然讲的是尧舜禹时代,为什么要用许多夏文化材料来作为论证呢?

王:这个与文化生成的过程有关。我们知道,历史上尧舜禹与夏代是衔接的,尧舜禹总共不过100多年,由禹传启,而后是夏朝,"有王与无王"历17代471年。接下来商朝650年,周朝800年。所以从时间来算,尧舜禹与夏代应该是一个历史单元(当然社会制度发生了变化,由原始社会跨入奴隶社会,是个质的飞跃)。因此,唐虞(尧舜)文化是先夏文化,是宏观夏文化的准备阶段;而夏文化又是唐虞文化的发展成熟阶段。因此,研究夏文化离不开唐虞,否则就成了无本之木,无源之水;研究唐虞文化同样也离不开夏文化,否则没有着落。特别是禹既是夏文化的奠基者,又是唐虞文化的集大成者,其承前启后作用尤为突出。故学者们常常把禹时代的文化归入夏文化,谈夏之前的文化只称尧舜(或唐虞)文化,而不提及禹;讲朝代也是说"唐、虞、夏、商、周",把禹归到夏朝。这样一来,只算尧舜(唐虞),仅只有100年多一点的历史。而在以碳14为测年手段,计数尚不十分精确的情况下,这100年放到历史考古时期来看,如没有特殊的原因,文化的变化不会是很大的,有时几乎是微不足道,可以忽略不计的。尧舜

◎发现"古中国"

文化时间太短,东西也较少,而夏文化的材料又是大量的。这就是我们今天研究尧舜文化必须借助于夏文化材料的原因。但两者毕竟还有区别,尧舜禹是"共识的中国"时代,而到了夏朝则进入"理想的(松散的联邦式的)中国"时代,虽然二者同属于"王国时代",但我们所说的"古中国"主要还指的是前者。当然因为二者不能截然分开,故我们对"古中国"时间概念的表述是:"尧舜禹兼及夏商周时代"。

客:那"尧舜禹时代"与"华夏文明"之间是什么关系?

王:严格说来,"尧舜禹建都"与"华夏之根"这是两个表达体系。尧舜禹建都是讲国家起源的,华夏之根是讲文明起源的;或者说尧舜禹建都是讲政治、权力中心的,"华夏之根"是讲文化、文明中心的,二者有区别又有联系。

客:那我们为什么要用"华夏之根"来证明运城是"古中国"呢?

王:前面已经说过,运城是华夏族栖居之地,因此号称"华夏之根"。至于为什么要用"华夏之根"来证明运城是"古中国",这是因为"中国"与"华夏"从概念上讲有"同一性"。"中国"又称作"华夏"或"夏""华""诸夏""诸华"等等。例如:《说文》:"夏,中国之人也。"《汉书·地理志》颜师古注:"夏,中国。"《后汉书·班彪传》李贤注:"夏,中国也。"《战国策·秦策》:鲍彪注:"夏,中国也。"而"华"与"夏"又都是指最先在河东兴起、文明程度最高的那个或称"夏族"或称"华族"的部族。因此,讲华夏文明起源与讲"中国"的起源事实上是不可切分的。运城是华夏文明重要发祥地,称为"华夏之根",所以当然也就是最古老的"中国"的所在地:"古中国"。

客:具体来讲,"夏"与运城有什么关系,说运城是"华夏之根"又有什么依据呢?

王:据古史专家考证,夏人原本是黄帝族的一支,很早以前由西北高原迁来河东,并在河东崛起。历史上称夏人生活过的地方为"夏墟""大夏"或"有夏之居"。除"有夏之居"位于河南伊洛外,所有记载的"夏墟""大夏"地望都在河东。史籍中记载的"夏墟"有两个,一个在今翼城、绛县、侯马一带,即周初唐叔虞封地;一个在今夏县、平陆、安邑一带,即西周虞仲所封之地。而史称"大夏"的地方共有五处。其一在唐,即上述翼城、绛县一带;其二在平阳,即今临汾一带;其三在安邑,即今夏县、平陆、盐湖一带;其四在晋阳,即今永济、虞乡一带;其五在鄂,即今乡宁、河津一带。当然这只是史籍中提到并被保留下来的几个称"大夏""夏墟"的地方,并不等于河东只有这几个地点是夏人居住过的。揆诸当时的历史情况,河东地区可能还有夏人聚居之地,均可称为"大夏"或"夏墟"。"夏"之名以此而得到彰显。古代指"中国"之"夏",主体最初是在河东,即今运城、临汾两市。著名古史专家刘起釪先生所说:"夏族文明,实际就是开始于晋南而发展及于全黄河流域的夏文化。"运城、临汾是"华夏之根",亦是"古中国"。

客:那"华"呢?

王:"华"字作为"中国"的代称,已超越了"夏"字呈后来居上之势。今天"华"字已经成为我们国家、民族的总代称。关于"华"的起源主要有三种说法,也都与运城有关。

◎发现"古中国"

一为"华山说",其代表人物是国学大师章太炎。他认为"华族"是居住在华山附近一个部族,以华山而得名。而我们知道古人又认为华山在远古时代是与中条山连为一体的,晋人《搜神记》称其两者为"二华之山",而中条山也被称为"东华山"。故河东之运城亦是"华族"发源地。

二为"华水说",其代表人物是古史专家刘起釪。他认为古代汾水下游有一条支流名叫"华水",华水出自今稷山、乡宁的华谷(峪),今稷山犹有化(华)峪镇,乡宁犹有黄华峪。居住在华水流域的夏人,以其所居地之"华"水来命名自己的部族,其他人也称他们为"华人"。

三为"玫瑰花说",其代表人物是考古学家苏秉琦。他认为仰韶文化的标志是彩陶制器上有大量的玫瑰花图案。生活在仰韶文化地带的自关中到中条山及黄河两岸的先民,以玫瑰花图案为图腾,他们穿着带有华美图饰的衣服,因而被称作"华人"。

从上面叙述可见,作为"中国"的代称,"华""夏"之名的产生都与运城息息相关,故运城无愧"华夏之根"的美誉,亦无愧"古中国"之名。

客:记得你的文章还谈到,夏、商、周三代肇源均与河东有缘,这又是怎么回事呢?

王:是的。不仅尧、舜、禹建都于河东,继之而起的三个王朝夏、商、周三代也都与河东有缘。

夏人由河东崛起后,创造了灿烂的文化。夏与唐、虞结为部落联盟,共同构建了尧舜禹辉煌时代。夏禹晚年,传位于皋陶而皋陶早逝,又传位于伯益。禹死后,庶民拥戴禹之子夏启为君主。由此发端,先圣之"传贤不传子"的"官天下",变为"世袭罔替"的"家天下"。夏族亦自此逾黄河而入豫境,东进中原并由启建立夏王朝。后历十七帝、四百七十一年,以汤伐桀于鸣条而亡。有夏一代,可谓"兴于河东,亡于河东"。

商人虽起源于东夷(一说起源于晋地漳水流域),但其始祖契之母简狄系有娀氏之女,而有娀氏栖居地则在蒲州(见《史记·殷本纪·正义》)。而作为殷商部落的首领,契曾在尧舜联盟中担任重要职务。典籍记载他曾助禹治水有功,后被舜任用为司徒,掌管教化。商汤灭桀而代夏,战于安邑鸣条。垣曲有商汤初亳城,汾阴有汤王陵,闻喜有汤王山,河津有耿都,平陆有傅岩,盐湖有汤里。运城市境内殷商遗存颇多。

周人为夏族之一支。其始祖为后稷,传说其母有邰氏之女姜嫄,履巨人足迹怀孕而生稷,因一度被弃养,故名弃。稷善于种植各种粮食作物,在尧舜时代曾任农官。其出生地在闻喜冰池村(冰池村近年发现有新石器时代遗址),其教民稼穑之地在稷山。后稷的曾孙公刘,夏末率领周族自河东迁往今陕西的邠地定居。到后稷十二世孙古公亶父,再次由邠迁到岐山下的周原。周族大力发展农业,逐渐强盛起来,到周文王姬昌时成为方伯。后文王之子武王姬发,联合天下诸侯伐灭商王受辛,建立了周朝,历西周、春秋、战国共800余年。

总之,运城在上古时代不仅曾是尧舜禹活动的中心地区,而且也是夏、商、周三代肇源地。这也说明运城在上古史中的重要地位。换一句话来说,从尧舜禹到夏商周两千年间,

◎发现"古中国"

运城一直是华夏文明的核心地区,同时也处在大"京师"的范围之内。

客:关于运城在上古史中的重要地位,还能不能再展开说一说呢?

王:可以。我们知道,中华民族历来十分注重法统,历史上每一个朝代或政权,都特别看重它的正统性。由河东崛起而建立的夏,是古史上第一个君主世袭的王朝。因为尧舜禹建都于河东,继之而起的夏朝的影响力又十分强大,河东便成为法统观念上的崇高区域。商人灭夏,定要翻越中条,跨逾黄河占有汾运盆地,其意义主要在于从法统观念上最后取代夏人,以便取得"正统"地位。周人是夏人之后,其始祖后稷又在尧舜及夏代任过农官,他们最初起兵灭商,打的也是"反商复夏"的旗号,平灭了商朝后便自奉继承了"夏统"。周天子所居之地称作"区夏"(即夏人所居地区),他所分封的许多诸侯国,不称为"诸周"而称作"诸夏"。姬周八百年虽初始建都于丰镐(今咸阳一带),后来迁都于成周(今洛阳一带),但一直视河东夏墟为祖源地,初始分封就将武王之子、侄封于夏墟之唐(今翼城)、郇(今临猗)、虞(今平陆)等地。到了战国时期,韩、赵、魏三家分晋后,惟魏一家可以"承晋绪"而"继夏统",韩、赵则无此资格。《竹书纪年》是魏国史官编纂的一部编年史,书中纪年即从夏纪开始,有夏纪、殷纪、周纪、晋纪、魏纪诸编,在条叙中亦常以"晋"代"魏"称。例如"梁惠王九年,晋取玄氏县",这里的"晋"即指"魏"。魏惠王迁都大梁,远离故都安邑,国势岌岌可危时,他还念念不忘自己是晋国正统,死后如何向祖先交代。可见从法统体系讲,夏—周—晋—魏是一脉相承的。为什么晋、魏能够"继夏统"?除了周人自认是夏裔外,还有一个很重要的原因,是他们的封国都在夏人的故墟,由此天然产生一种正统的自豪感和使命感,同时也获得了历史的"正统"的认可。由此可见,河东在古代法统体系中的重要地位,运城作为"古中国"其影响是十分久远的、几乎长达两千年。这也是我们界定"古中国"的时间,将其延伸"兼及夏商周"的原因。

客:关于运城是华夏文明起源的重要地区,还有什么依据吗?

王:这一点还可以从中条山在中国文明起源过程中的作用得以证实。中条山横亘于山西南端,主要在运城境内。它的北面是汾运盆地,南面是黄河谷地。近年来有许多考古学家对中条山进行了研究,认为:"在地理位置上,中条山处在中国文明起源的黄金地段。"他们解释说:中国在古代习称"华夏",而"华"与"夏"都同中条山有关。"华"字得自华山。"夫中条之山者,盖华岳之体也",古人把中条与华山看作一体,只是被黄河割开。华夏的"夏",得自"大夏"、夏朝。在考古学上,代表夏朝的"二里头文化"地兼中条山的两面。历史文献中说中条山以北有"夏墟",南面偏东一带是"有夏之居"。夏朝的地域,跨越中条山南北。地理学强调"人地关系",夏族与中条的"人山关系"也当具有独特的内容。中条山有丰富的铜矿,中部北侧又有巨大的河东盐池。中条山脉在资源上强力支持了夏族的兴旺,也为尧舜禹在运城一带建都奠定了强大的经

◎发现"古中国"

济基础。史书所记尧舜的传说多在中条山以北,这正反映了夏族的渊源所在。因此,中条山及古老的河东盐池对哺育中国古代文明做出了重要的贡献。

有关"中条山脉在资源上强力支持了夏族的兴旺"问题,考古学者刘莉、陈星灿2000年发表的《城:夏商时期对自然资源的控制问题》作了很好地论述。文章认为,中条山丰富的铜矿以及河东古盐湖是夏商各方争夺的重要战略资源,也是夏人、商人都对晋南保持浓厚兴趣的原因。

考古学者王月前《环盐湖地带新石器文化初论》认为:"从仰韶文化开始,人类的目光就逐渐锁定了这个(环盐湖)地区,并在这里开始了生生不息的定居,进行了长期的开发与拓展。其中的动因,即是由于人与盐湖密不可分的关系。如果说盐湖是这个地区的核心,湖中盛产的食盐就是这个地区古代文明发展的灵魂,也是这个地区历史进程中最大优势。"

客:好,文明起源的问题我清楚了。那文章中还谈到运城是"冀州"之源、"天下之中"又是怎么回事?

王:这是从地理位置上来说的,我们还是先从概念说起。大禹治水成功后,把天下分为冀州、豫州、青州、徐州、兖州、扬州、荆州、雍州、梁州"九州"。古人称天下为"九州",而九州的地位不是平等的。其中的冀州,因为是帝王建都的地方,人们又以"冀州为'中国'之号","中国"又称"冀州""冀方""中冀"。这样"中国"与"冀州"两个词也有了"同一性"。

《左传·哀公六年》:"惟彼陶唐,帅彼天常,有此冀方。"杜预《注》说:"唐(尧)、虞(舜)及夏(禹)同都冀州。"孔颖达《疏》

说:"尧治平阳,舜治蒲坂,禹治安邑。三都相去各二百余里,俱在冀州,统天下四方。"罗泌《路史》说:"中国总谓之冀州。"顾炎武《日知录》也说:"古之天子常居冀州,后人因以冀州为中国之号。《正义》曰:冀州者,天下之中州,唐虞夏殷皆都焉。"

"冀州"既然与"中国"在概念上有同一性,那它的源头在哪里?《吕氏春秋》说:"两河之间为冀州,晋也。"刘起釪先生说:"冀州的原始境地在晋南。"杜预《春秋地记》说过:"冀,国名,平阳皮氏县东北有冀亭。"《水经注》也引京相璠的话说:"今河东皮氏县有冀亭,古之冀国所都也。"刘起釪先生认为,"冀国即为夏人所建之国",古国"冀"也由此成为天下九州之中心"冀州"命名的依据,而"冀州"在历史上也被作为"中国"的代称。这里说到"冀亭"在"皮氏","皮氏"就是今天的河津市。所以"冀州"的源头在运城。

另外,罗泌《路史·后纪四》也有这样的记载:"传(黄帝)战执(蚩)尤于中冀而诛之,爰谓之'解'。"说的是黄帝与蚩尤大战后俘获了蚩尤,在"中冀"将蚩尤肢解,所以"中冀"那个地方就叫作"解"。这就是今天的运城盐湖区的解州、解池。这也说明了"冀州"的源头在运城。

所以,归纳起来说,"冀州"既是"中国之号",是"天下之中州",运城又是冀州的源头,是"中冀",故当然也是"古中国"。

客:"冀州"与"华夏"一样都是古代中国的名号。二者的源头都在运城,所以说运城是理所当然的"古中国"。有一定

◎发现"古中国"

道理。请问"天下之中"又是怎么回事?

王:提到"天下之中",人们往往会首先想到洛阳,这也不错。《史记·周本纪》中周公是说过洛邑为"天下之中"的话,但那是在西周初年。而在尧舜禹时代,舜继尧位回河东,被称作"之(到)中国",就是从那一带出发的;当时那里被称作"南河之南",还不是最初的"中国",而河东则是当时的"中国"。司马迁在《史记·货殖列传》中又说:"昔唐人都河东,殷人都河内,周人都河南。夫三河在天下之中,若鼎足,王者所更居也,建国各数百千岁。"这里所说三足鼎立的"天下之中",首先是由尧舜禹时代的"河东"发端,夏人东进豫境后才有了"殷人都河内,周人都河南",也才有了周公所说的"天下之中"。这段话反映的是司马迁的"天下观""中国观":"天下之中"自河东始。文中所说的"三河"用的都是西汉的郡名,"河南郡"治洛阳,"河内郡"治怀州,"河东郡"则治安邑,辖有绛、平阳等24县。"三河在天下之中",河东郡既居"三河"其一,就不独为尧舜禹时代的"天下之中",也是夏商周时代的"天下之中",是名副其实的"古'中'国"。

客:这个例子从历史地理学的角度做了论证,给了人们运城又是"古'中'国"的直观感觉,同时也是汉代史学家司马迁的眼光下,反映出的一个"中国"的例子。

王:其实超出前面限定的"古中国"时间范畴,延及秦汉以下来看也是如此。毛晋光《汉晋文化地理》说:"以西汉而论,京师设在长安,有京兆、冯翊、扶风,是谓'三辅';河东、河内、河南,是谓'三河';又有弘农,皆司隶校尉所察。以东汉而

论,京师在洛阳,河东更重要,七郡亦属司隶管辖。"司隶统辖京师一带地方事务,权力很大,官员名曰"京牧",这说明河东郡仍是在"京"的范围内。书中又说"如以全国疆域而言,中古时期的长安地区、洛阳地区与河东地区,似乎构成了一个心脏地带。这里不仅政治地位重要,经济亦居于全国领先位置。"其实何止政治、经济,文化亦复如此。以语言为例,春秋时代以王畿成周之方言为"雅言"(即"通语""普通话"),而语言学家早已指出:"当时晋国方言亦有'雅言'性质"。爰及西汉,"秦晋方言"即关中话和河东话又成为最有影响力的"通语",在扬雄的《方言》所载十多个方言区中列为第一。由此看来,自尧舜禹开始、历夏商周,延及秦汉,下至隋唐,河东地区政治地位优越,经济发达,文化荟萃,一直居于"天下之中"、华夏腹地,是当然的"古'中'国"。

客:这样论证就更充分一些了。不知当地人对运城是"古中国"的说法是怎样看的?

王:前不久,《运城日报》报道了永济市虞乡发现一块清乾隆十五年的碑文,碑文明确记载:"'中国'之名始于尧舜禹,中条五老授其《河图》九书而治天下。初树疆都,依中条而树其国,谓之'中国'。先尧让舜,舜禅之禹,均属中都之国,亦称'中国'。"这段碑文记载了真实的上古史,也反映了当地人对"古中国"的一种文化认同。历史以来,在当地人的潜意识中或者就有运城"居天下之中"的理念。因为运城不仅位于今天中国版图的几何中心地带,处于华夏腹地,中华母亲河黄河的中游,历史上曾设立过"河中府"(一说河中府位于黄河

◎发现"古中国"

源头至入海口的正中点),而且尧舜禹建都于此,在两周以及盛世汉、唐,又居长安、洛阳东西两都之中,唐代蒲州还两次被立为"中都",等等。这种对"古中国"自我认同的情结,在河东当地较为普遍,甚或蔚为传统。笔者早年也听到过一个口歌,反映河东当地人文繁盛,曰:"先生天公地母,后生炎黄兄弟。不济不济,出了五朝八帝。地力乏啦,出了个红脸爷爷(呀呀)!"据解释,"五朝"指的是唐、虞、夏、商、周,"八帝"指的是尧、舜、禹、汤、周文王、周武王、晋文公、魏文侯;"红脸爷爷"指的是关公。这个"口歌"可能是当地私塾编的乡土教材,甚或是文人的雅谑,内容不是很科学,也不够准确,但它反映了运城人的一种历史文化认同。即在他们心目中,运城就是我们大中国的核心地区、政治大舞台;中国历史早期的圣王、霸主或出生于此,或发迹于此,总之都和这里有关。2013年《山西日报》刊登的一篇署名文章说:前几年有一位意大利的"中国通"到晋南(运城、临汾)走了一趟,回来后无限感慨地说:"太神奇了,好像古代中国所有的事情都发生在这里!"这句话不啻对运城人"古中国"文化情结的一个很好诠释。当然,关于"古中国"我们只是把问题限定在一个历史的范畴来讨论,把"古中国"作为一种标识、一种美好的记忆。生活在21世纪的今天,进入一个人人都已成为"地球人"的时代,我们也绝不会愚昧到认为运城当真就是"天下之中",或者从来就是天下最好的地方。这是不言而喻的。

客:那么"古中国"肇源地为什么会是运城?

王:这个问题提的好。这个问题的实质是要问:为什么尧舜禹会在河东建都,为什么运城会成为华夏文明的重要发祥地,是不是?

客:是的。

王:这一点首先要感谢老天眷顾,为河东提供了得天独厚的优越的自然地理环境。

第一是地理位置好。运城居于黄土高原的东南端,处于中国大陆三级阶梯的第二阶梯。在史前时期,第一阶梯的太行山以东还是水乡泽国,第三阶梯乌鞘岭以西属于高寒地带,皆不适宜于人类栖息。而作为第二阶梯的黄土高原,尤其是山西南部黄土高原的末端,没有东边的水患,也没有西边的高寒,气候、土地条件都适宜于人类生存,因此这里很早就成了文明荟萃之区。

第二是气候条件好。据著名科学家竺可桢先生等研究表明,早在5000年前,曾是我国气候温暖、潮湿的时期,年平均温度比现在高2—3度,降水量比现在多500—600毫米。而在距今5000—4000年期间,即我们所说的尧舜禹时期,气候开始变化,水患稍减。运城处于北纬34—35度地带,居于亚热带与暖温带结合部,阳光照射充分,气候温暖湿润,雨量沛丰,植物繁茂,适宜于农作物成长,为当地农业生产发展提供了充裕的条件。

第三是土地条件好。当地地处黄土高原,有高山、丘陵、平原各种地形,便于人们择善而居。当地有深厚的黄土层,丰厚的植被,肥沃的土壤,可供耕耘种植。有众多的径流,茂密的森林,为人们打鱼、狩猎提供了环境。总之,这里解决了人

◎发现"古中国"

们生活所必需的物质条件。1958—1960年、1979—1985年，我国做过两次全国性的土壤普查，发现运城盆地、渭河平原和洛阳以西近河的高原，是全国仅有的三大块堘土地带。所谓堘土，是指具有约50厘米厚的人为土粪堆积层的土壤。这说明早于4000—5000年前(即尧舜禹时代之前)这里很早就有了密集的农业活动。而全国其他地区尚不具备这样的条件。

第四是这里有得天独厚的矿产资源。主要是河东盐池和中条山的铜矿。如前所说，盐既是人类的生活必需品，也是最大的可以交易、可以储存的物质财富、商品；铜除了生活、祭祀、生产需要外，还可以打造兵器，是最重要的战略资源。河东的盐和铜为当地的文明发展提供了强大的经济基础。这些前面已经谈过，在此不再详叙了。

第五，特殊的优越的地理环境也是一个十分重要的原因。这里襟山带河，东、西、南三面为黄河天堑，构成一个牢固的天然防卫体系；中部有大纵深腹地，北边有连绵起伏的群山为屏障，地形封闭，也相对安全，不易受到外部势力的攻击，因而人们生活相对稳定，生产较少受到人为因素的破坏，比较容易得到持续的发展。

总之，由于以上诸多原因，使得运城在4000—5000年前，成为当时中华大地上最适宜于人类居住的地方，农业最发达地区，也是最富庶的地区；从而成为华夏民族最早栖居、文明发展最快的地方。于是尧舜禹在这里建都，华夏民族在这里崛起，"古中国"在这里诞生。

客:还有一个问题,这就是现在提出"运城·古中国"的概念,与前几年提的运城是"华夏之根"的说法有没有冲突,是不是要用后者取代前者?

王:没有冲突,也不存在"取代"的问题。正如前面所说,华夏文明起源与"古中国"出现、形成,实际上是一回事,并不矛盾。我们今天突出"古中国"的概念,只是撷取了华夏文明史上一个亮点作为运城的标识而已。其实,"古中国"的内容是相当丰富的,不仅包括"华夏之根""根"的一段,而且可以向上向下延展,包涵全部华夏文明史。也就是说,"古中国"是河东五千年文明的一个标识,她不只是指尧舜禹建都于河东的一段辉煌历史,而是涵盖了河东在此前此后、从古到今的全部文化成果和文明状态。譬如在运城保留的大量有关黄帝、炎帝、蚩尤、嫘祖、风后、后土等历史传说、文化遗存,以及更早的西侯度遗址、匼河遗址、南海峪遗址、西阴遗址等,都可以视作"古中国"形成的重要依据、重要内容,是华夏文明形成的重要基础。此后的更加灿烂的夏商周以及秦汉以下无比丰富的文化成果,则是其重要的发展,综合起来又都是"古中国"的文明成就。换句话来说,所谓"古中国"就概念来说或可约略相当于我们过去提出的"华夏之根"(通俗地说:"中国"大体等同于"华夏","古"或大体等同于"根"的部分);就其整体内涵来说,也基本等同于我们过去提出过的"中华五千年文明主题公园"。前面我们出于论证"古中国"的形成、表现和存在的需要,只是选取了以"王国"时代为主的一些材料,但我们的目的是要打造以"古中国"为标识的国际旅游目

◎发现"古中国"

的地,"古中国"仅仅是标识,而我们要向游客展示的则是"古中国"的内涵,也就是我们运城5000年来的文明成果。这个是很丰富、很生动的。因此,5000年的文明都应当是我们宣传、展示的重要内容,从上古直至今天。这也是不言而喻的。

客:关于"运城·古中国"究竟是指哪里的问题,各地似乎有不同的表述,"古中国"定位为什么很难得到一致的认可?

王:这些情况其实并不奇怪,完全在意料之中。看法不一致原因是多方面的。

首先,这和"中国"名号的美誉度有关。我们知道,在汉字中"中"字是一个美意词,"中国"更是一个神圣的名号,从它一开始出现直到今天都是这样的。她在地域概念上与四夷(所谓"蛮狄夷戎")相对,显示着地理上和文化上优越和自豪感。在文化概念上代表着一种美称,一种文化标准。《战国策·赵策》说:"中国者,聪明睿智之所居也,万物财用之所聚也,圣贤之所教也,仁义之所施也,诗书礼乐之所用也"。像这样一个高度文明的地区,谁不羡慕,不向往呢!正因为她是一个美好的象征,人见人爱,像一个"大众情人"。本来属于大家的美好的东西,被你一个地方独占了,难免引起其他人的挑剔、质疑。

其次,还有一个重要的现实是,"中国"自1912年正式成为"中华民国"的简称,1949年后又是"中华人民共和国"的简称。所以从所有权来讲,她是属于全民族的、整个国家的。对她的使用全国任何一个地方、任何一个人都有权表示赞同或反对。因此,提起"古中国",人们往往首先想到的是我们今天这具有960万平方公里陆地面积、56个民族、13.6亿人口的中华人民共和国。"明明是属于全中国的一个名号,为什么要被你一个地方独家拿去做招牌?"这样从"所有权"上也容易让人产生怀疑。但我们知道,4000多年前的"古中国",不是现在这个样子,没有这么大,社会结构形态也不相同,因此,不是今天任何地方都有资格去争这个神圣的名号的。我们说运城是"古中国"是有标准的,这就是"历史最早称作'中国'的地方",除晋南、豫西外,其他地方是达不到这个标准的。

另外,"中国"与"华夏""冀州""中土"等等名号一样,其产生的源头、演变的过程,由诸多因素促成。或与民族相关,或与文化结缘,或联系着历史传说,或根源于地理观念,甚至与语言的嬗变,政治的影响,经济的发展,文风的变迁等等都有关系。因此对"中国"名号往往可以多角度、多侧面去解读。譬如"冀州"一词也是"中国"的代称,它本来源于河东的古国"冀"(皮氏),但后来所指地理范围不断拓展,由晋南而全晋,而最终拓展到指黄河以北,甚至于今天还成为河北省的专称。这样解读上古史时就难免发生分歧。史籍记载黄帝与蚩尤大战于冀州,斩杀蚩尤于"中冀",这"冀州""中冀"究竟具体在哪里?于是就有了河北说、山东说、河东说几种不同的说法。其实从源头上讲,河东为"冀"之源;双方为争夺盐池而战、当地因此而得"解"之名,就是两个最有力的证据。再如,"中国"一词以其指"帝王所都",故随着朝代而迁徙,夏人东进后"中国"也就由河东转移到了河南。因此也造成了河南与河东的相争,等等。

◎发现"古中国"

　　最后,学术观点不同也是一个重要原因。譬如,关于中国历史时期的划分,就有各种各样不同的说法;对中国国家起源的问题也是各表其是,众说不一;中华文明起源在大的轮廓认识一致的基础上,对某些具体问题的看法、表述也是有很多分歧。这些都是十分正常的。就说"古中国",有专家认为在河南二里头发掘出夏文化遗址,最早的"中国"应该在这里。后来又在临汾发掘出陶寺文化遗址,专家又提出最早的"中国"应该在陶寺。现在我们又提出尧舜禹是一个整体,古河东是同一个历史地理单元,"尧都平阳、舜都蒲坂、禹都安邑"都在运城、临汾这一带,运城也有大量的尧文化遗存;既然"帝王所都"为"中国",运城也是"古中国"一部分。总之,各自都有自家的道理。因此我们提出"各有其美,各美其美,美美与共,共享殊荣"的原则。现在看来争论可能还会有,最终解决问题的办法还只能是"美美与共,共享殊荣"。至于谁要否定运城是"古中国"一个重要组成部分,恐怕也不容易。

　　客:运城既是"古中国",为什么我们强调不争"唯一"?

　　王:这不是谦虚,而是尊重历史,实事求是。如前面我们所说的,"古中国"是指尧舜禹建都的地方,是指包括临汾、运城在内的"大河东"。我们一直强调尧舜禹不可分,大河东不可分,临汾、运城不可分,因为在历史上河东基本属于同一个历史地理单元。尧舜禹及夏,同属冀州;西周、春秋属晋;战国分属韩、魏互有交错;从秦汉设立河东郡开始,两地又是一家,河东郡治在安邑就是今天的夏县禹王城,统辖24个县,包括平阳及今天临汾市全部县市。此后除宋代外,直到民国

的河东道,道治在运城,统辖晋南35个县,除了包括临汾各县市外,还包括灵石、沁水等县。因此,从古到今河东这一个地理单元,从历史到文化有许多东西都是不可切分的。举一个简单的例子。譬如说,蒲剧是我们河东的老百姓都十分喜爱的古老的地方戏剧种。前几年运城、临汾两家共同申报为国家级非物质文化遗产。当时我们能说她的名字叫"蒲剧"、发源于蒲州,只属于运城,不许临汾市来共同申报,这样行吗?显然是不行的。那在"古中国"这个问题上,我们为什么不能共享殊荣呢?我想这个应当是不成问题的。

客:我注意到,最近临汾举办尧文化研讨会,专家们认为"陶寺就是尧都",就是最早的"中国",请问这与"运城·古中国"的说法矛盾吗?应该如何看待这个问题?

王:这其实也是我们的看法,是我们的立论基础,和"运城·古中国"的提法并不矛盾。我们一直所说的"河东最早称中国"就是从此而来的。正如专家所说,陶寺考古发现证明"尧舜禹时代"不是传说,而是真实存在的历史,史载"尧都平阳"也是信史。"尧都平阳"既然已经得到证实,那也就意味着,大河东确实是尧舜禹活动中心地区,史书上同时有密集记载的"舜都蒲坂""禹都安邑"也不是传说,也是真实的历史。这就为"运城·古中国"说法提供了理论的支撑。其实此前我们就一直强调这一点,把尧舜禹并称,把临汾与运城并提。从我们写的几副对联看得很清楚,例如:"尧治平阳,舜治蒲坂,禹治安邑,河东固乃首善地;帝王之都,华夏之根,冀州之源,运城无愧古中国。"肯定尧都是在平阳,但运城有"舜都蒲

◎发现"古中国"

坂,禹都安邑",又是"华夏之根""冀州之源",故也当之无愧是"古中国"。又如"方国时代始号中国,考古已证实,平阳—陶寺荣膺华夏首善;唐虞都畿尽在河东,典籍多载述,蒲坂、安邑亦是九州中国。"也是既肯定陶寺就是尧都平阳,也指出河东不仅有尧都,还有舜都、禹都,运城也是"古中国"。当然对我们运城来说,"舜都蒲坂"和"禹都安邑"都还需要用考古发掘的新成果来做进一步证实。但文献上大量的依据已做了肯定的回答,也是不容置疑的。另外,我们所讲的"不争唯一",明确提出运城是"古中国"的"一部分",并不排斥临汾也是"古中国"。但我们认为,临汾和运城两家是一个整体,谁也不是全部,谁也不是唯一。

客:把运城历史文化特色定位为"古中国",对运城人来说意味着什么?

王:我认为有两方面的意义。"古中国"对运城来说既是一种美誉;也是一种崇高的历史责任。通过上面论述我们认为,"古中国"是对运城市历史文化特色的准确定位。她是运城的一个文化含金量很高的名片,可以提高城市的美誉度,给我们城市的发展带来巨大经济社会效益;同时也意味着一种崇高的历史责任。它要求我们更加热爱这一方热土,大力弘扬"古中国",齐心建设新运城。具体讲,就是要按照习近平总书记讲话精神,更加努力地工作,进一步弘扬中华民族优秀传统文化,以优质高效的工作,把运城的各项事业做好,全面推动社会经济发展,在实现"中国梦"的伟大实践中做出应有的贡献,以无愧于"古中国"这一光荣的名号。目下我们有

可能在美誉方面考虑得多了一些,而对"责任"的一面可能想的少了些,这一课必须补上去,要千方百计把我们运城的各项事情做好。不然的话就会愧对历史、愧对祖先,那就有违我们的初衷了。

客:上面讲了很多,能否用几句话把主要的观点简要地概括总结一下?

王:好。关于"运城·古中国"的问题,我们的基本观点是:

一、"古中国"指的是历史上最早称作"中国"的地方。

二、帝王所都为"中国","古中国"指的是尧舜禹建都的地方;史载"尧都平阳,舜都蒲坂,禹都安邑",故"古中国"指的是河东一块地方,也就是今天的运城、临汾。

三、历史上的中国,经历了"共识的中国"、"理想的中国"、"现实的中国"这样"三部曲"。"古中国"形态特征是"共识的中国"。

四、运城作为"古中国"的依据:

1.她是尧舜禹活动的中心区域,是拥有帝王之都的"古中国";

2.她是华夏文明发祥的核心地区,是号曰"华夏之根"的"古中国";

3.她是"冀州"之源,"九州"腹里,是位居天下之中的"古中国"。

五、"运城·古中国"的特征是:

1.她是尧舜禹时代的政治中心;

2.她是华夏文明发祥的中心;

◎ 发现"古中国"

3.她是"九州"天下的地理中心。

六、运城之所以能成为"古中国"的肇源地,是由于她有得天独厚的自然的、地理的、资源的条件。

七、运城和临汾都是"古中国"的一部分。

八、"古中国"的名号对今天的运城来说,既是一种崇高的荣誉,更是一种历史的责任。

客:好,谢谢!

(2015年3月)

联赞"运城·古中国"

题记：尧舜禹时期方国林立，始有"京师——中国"之号。史载"尧都平阳，舜都蒲坂，禹都安邑"，或曰"蒲坂，尧都""安邑，尧舜旧都"。"古中国"亦运城地明矣！至若史迁、宁人以"三河"、"冀州"论之，则运城更为"古中国"之标位无疑！故为之赞。

一

尧治平阳，舜治蒲坂，禹治安邑，河东最称首善地；
帝王之都，华夏之根，冀州之源，运城无愧古中国。

注释：

1.《左传·哀公六年》"惟彼陶唐，帅彼天常，有此冀方。"杜预《注》："唐、虞及夏同都冀州。"孔颖达《疏》："尧治平阳，舜治蒲坂，禹治安邑。三都相去各二百余里，俱在冀州，统天下四方。"

2.《汉书·儒林传序》："教化之行也，建首善自京师始。"后称京师为首善之地。

3.苏秉琦："史书记载，夏代以前有尧舜禹，他们的活动中

◎发现"古中国"

心在晋南一带。'中国'一词的出现也是在此时,所以史称舜继位要'之(到)中国'。后人解释说:'帝王所都为中,故曰中国。'由此可见'中国'一词最初指的是晋南一块地方,即'帝王所都'。""大致在距今4500年左右……晋南兴起陶寺文化。它不仅达到了比红山文化后期社会更高一阶段的'方国'时代,而且确立了在当时诸方国群中的中心地位。它相当于古史上的尧舜时代,亦即先秦史籍出现的最早的'中国',奠定了华夏的基础。"(见《华人·龙的传人·中国人》,辽宁大学出版社,1994年)

4.李学勤:"尧都平阳,舜都蒲坂,已成定论。运城是尧舜禹活动的中心区域。"(见《光明日报》2005年10月25日8版《专家河东论虞舜》)

5.李学勤:"运城是华夏文明发祥的核心地区。"(见《光明日报》2005年10月25日8版《专家河东论虞舜》)

6.《路史》:"中国总谓之冀州。"《日知录》:"古之天子常居冀州,因以冀州为中国之号。"《吕氏春秋》:"两河之间为冀州,晋也。"杜预《春秋地记》:"冀,国名,平阳皮氏县东北有冀亭。"《水经注》:"今河东皮氏县有冀亭,古之冀国所都也。"刘起釪《古史续辨》:"冀州根据晋南的冀国得名,最初它所指的地境就是晋南这块地方。"

7.《史记·货殖列传》:"唐人都河东,殷人都河内,周人都河南。夫三河在天下之中,若鼎足,王者所更居也。"河东(运城)既为"三河"之一,亦为"天下之中"。

8.《史记·五帝本纪》:"尧三年之丧毕,……(舜)而后之中国践天子位焉。"《集解》:"刘熙曰:'帝王所都为中,故曰中国。'"

二

位天下之中,姬周刘汉李唐皆称"股肱",河东岂惟畿要?
居三河其一,唐尧虞舜夏禹递相建都,运城原是"中国"。

注释:

1.古称拱卫京师之要地为"股肱郡"。周、汉、唐或都关中,或都河南,皆视河东为"股肱"。如《史记·周世家》:"十七年,(叔带叛周)襄王告急于晋,晋文公纳王而诛叔带。"《史记·季布列传》汉文帝曰:"河东吾股肱郡,故特召君耳。"《三国志·杜畿传》魏太祖曰:"河东吾股肱郡,充实之所,足以制天下。"唐韩覃《中都议疏》:"夫河东者,国之股肱郡也。锐师精兵,皆出于此。"

2."畿要"谓近京畿要冲之地。

3.史称"尧都平阳,舜都蒲坂,禹都安邑",然"尧都"亦有它说。《汉书·地理志》:"蒲坂有尧山。"阚骃《十三州志》:"蒲坂,尧都。"《水经注》:"雷首,俗亦谓之尧山。山上有故城,又曰尧城。"《通典·州郡典》:"蒲州,唐虞所都蒲坂也。""安邑,尧舜旧都。"

4.李学勤:"运城是尧舜禹活动的中心区域。"(见《光明日报》2005年10月25日8版《专家河东论虞舜》)

◎发现"古中国"

三

方国时代始号"中国",考古已证实,平阳——陶寺荣膺华夏首善:

唐虞都畿尽在河东,典籍多载述,蒲坂、安邑亦是九州"中国"。

注释:

1. 苏秉琦《迎接中国考古学的新世纪》:"大致在距今4500年左右,……晋南兴起陶寺文化。它不仅达到了比红山文化后期社会更高一阶段的'方国'时代,而且确立了在当时诸方国群中的中心地位。它相当于古史上的尧舜时代,亦即先秦史籍出现的最早的'中国',奠定了华夏的基础。"

2. 李学勤:"最近发掘的襄汾陶寺遗址,年代与尧舜时代相当。尧都平阳(今临汾),舜都蒲坂(今永济)已成定论,它们都在运城附近。《孟子》所谓'(舜)卒于鸣条',鸣条就在这里。所以说,运城是尧舜禹活动的中心区域。"(见《光明日报》2005年10月25日8版《专家论虞舜》)

3.《左传·哀公六年注》:"唐、虞及夏同都冀州。"《疏》:"尧治平阳,舜治蒲坂,禹治安邑。三都相去各二百余里,俱在冀州,统天下四方。"《吕氏春秋》:"两河之间为冀州,晋也。"《日知录》:"古之天子常居冀州,因以冀州为中国之号。"《水经注》:"今河东皮氏县有冀亭,古之冀国所都也。"

四

舜都蒲坂，践天子大位"之中国"，"中国"宁非蒲坂？
禹都安邑，贡天下财货"赋中邦"，"中邦"亦兼安邑！

注释：

1.《史记·五帝本纪》："尧崩，三年之丧毕，舜……而后之中国践天子位焉。"《集解》："刘熙曰：帝王所都为中，故曰'中国'。"

2.《尚书·禹贡》："九州攸同，四奥既宅，……四海会同，六府孔修。庶土交正，厎慎财赋；咸则三壤，成赋中邦。"蔡沈注："中邦，中国也。""成赋中邦"谓完成赋税，运往京都。

蒲坂

山上有尧台，城中有舜庙，果然尧舜皆曾都蒲坂；
志书曰尝居，史籍曰营建，信哉蒲坂最堪称中国。

注释：

1.《汉书·地理志》："蒲坂，有尧山。"《水经注》："雷首，俗谓之尧山，山上有故城，有曰尧城。"尧城今俗称"尧台"。

2.《水经注》："皇甫谧曰：'舜所营都，或云蒲坂。'城有舜庙。"舜庙之建，或不晚于汉晋，唐代曾有饰修。

3.阚骃《十三州志》："蒲坂，尧都。盖尧尝亦都此，后迁平阳。"《通典·州郡典》："蒲州，唐虞所都蒲坂也。"

◎发现"古中国"

安邑

礼乐教化肇自南风,毋论禹都,盐湖亦称首善地;
揖让兴替萃于鸣条,单说舜陵,安邑也是古中国。

注释:

1.《礼记·乐记》:"乐者,圣人之所乐也,而可以善民心。其感人深,其风移俗易,故先王著其教焉。"

2.《礼记·乐记》:"昔者舜作五弦琴,以歌《南风》,夔始作乐,以赏诸侯。故天子之为乐也,以赏诸侯之有德者也。德盛而教尊,五谷时孰,然后赏之以乐。"

3.《汉书·儒林传序》:"教化之行也,建首善自京师始。"后称京师为"首善之地"。

4.《贤良策》:"禹继舜,舜继尧,三圣相授受而守一道。"舜受禅于尧,而禅让于禹,故萃揖让兴替于一身。

5.《竹书纪年》:"四十九年帝(舜)居于鸣条。五十年陟。""鸣条有苍梧之山,帝(舜)崩则葬焉。"

6.《通典·州郡典》:"安邑,尧舜旧都。县西有鸣条陌。"

(2014 年 12 月)

识读运城·古中国

河东最早称"中国"

今天,提起"中国"来,人们都知道指的是我们这形似金鸡鸣曙,拥有960万平方公里版图的中华人民共和国。可是您是否知道:这"中国"一词最早出现的时候,却是特指我们河东呢?1988年全国高考语文试题的一篇例文中就说:"'中国'一词最初指的是晋南一块地方。""晋南"者,古之"河东"也,即包括今天的运城、临汾两个地区这一大片土地。

那么,为什么河东最早被称作"中国"呢?

原来,"中国"一词有多种含义,从字面上看,它是相对于"四方"而言的,是"国之腹地"的意思。从这个意义上讲它又是一个通用名词,因此印度和日本也有的地方叫作"中国"。但在我们华夏之邦,最早用"中国"这个名称是特指京师的。《诗经·大雅·民劳》:"惠此中国,以绥四方。"《毛传》:"中国,京师也。"《史记·五帝本纪》:"尧崩,三年之丧毕,舜……而后之中国践天子位焉。"《集解》:"刘熙曰:'帝王所都为中,故曰中国'。"上古时代"国"即"邦也"。史载"夏有万国",帝王建都的地方为"万国之中"或"中央之国",故称"中国"。"国"亦"城也",帝王的都城"京师"为"一国之中",故亦称"中国"。我国

◎发现"古中国"

历史上最早有文字记载的帝王是尧、舜、禹,《帝王世纪》曰:"尧都平阳,舜都蒲坂,禹都安邑。"平阳即今之临汾,蒲坂属今之永济,安邑在今之夏县。可见最早"帝王所都"之地都在河东,因而最早称"中国"的只能是河东这一块风水宝地。当然,"中国"的概念也不是一成不变的。春秋战国时期"中国"相对于"四夷"(四方的少数民族)而言,专指华夏族聚居之地;秦汉以后则泛指黄河中下游的中原地区。直到19世纪中叶,才成为特指我国全部疆域的专有名词,不作他用。

河东最早称"中国",河东文化是古老的中国文化源头,或如有的学者所称,是"中国文化的总直根"。让我们努力弘扬传统文化,把河东的事情办得更好,以无愧于"中国"这伟大的名字!

(1990年)

河东——华夏文明的摇篮

晋南古称"河东"。"河东"者,以其雄踞于大河之东而得名。作为行政区划,自秦始皇设"河东郡"始,下迄汉、唐、宋、元、明、清、民国,或称路或称道,沿袭千年而不绝。这里襟山带河,环境幽僻,历史悠久,人文荟萃,是中华民族的发祥地之一。

考古学家断言:河东是华夏文明的摇篮;

历史学家评论:河东文化是中华传统文化的总直根。

对专家、学者们这一评价如何理解?我们且来看一看各类学科的回答。

一

地名学回答:凡与中国、中华民族有关的总称谓,其原始意义几乎无一例外地起源于河东。

(一)河东最早称"中国"

《诗经·大雅·民劳》曰:"惠此中国,以绥四方。"《毛传》解释说:"中国,京师也。"《史记·五帝本纪》曰:"夫而后之中国,践天子位焉。"《集解》说:"刘熙曰:'帝王所都为中,故曰中国'。"原来,"中国"一词最初的含义是指"京师",即帝王建都之地。而史传最早的帝王尧、舜、禹都建都于河东,所谓"尧都平阳(今临汾),舜都蒲坂(今永济),禹都安邑(今夏县)"是也。故历史上最早称作"中国"者只能是河东这块宝地。

(二)"中华"之"华"出自河东

中国称为"中华",中国人称为"华族"、"华人"、"华裔"。据著名"古史辨"学派创始人顾颉刚先生及其弟子刘起釪教授考证,"华族"是由于先民居于华水、华谷而得名。《水经·汾水注》曰:"汾水又西与华水合,水出北山华谷,西南流经一故城西。"刘先生断言,正是由于住在华水流域的先民最先自称"华人",其他部族人们也称他们为"华人",沿袭下来便有了"华"的名称。这华水、华谷位于何处呢?就在今稷山县化峪镇一带。化峪即"华谷",今称"黄华峪";至于"华水"则由于气候变迁早已干涸,不复存在了。

(三)"华夏"之"夏"亦指河东

"夏"者"夏人"所居之地也。史籍或称为"大夏",或称为"夏墟",多集中在河东一带。如《左传·昭公元年》所称:"迁实沉于大夏",这个大夏在"唐",即今之翼城。《国语·齐语》《史记·封禅书》都记载了齐桓公"西伐大夏",这个大夏在"平阳"即今之临汾。《吕氏春秋·本味》曰:"和之美者,大夏之盐。"这个大夏又指的是安邑。《史记·晋世家》索引《世本》载唐叔虞"居鄂",宋衷注曰:"鄂地今在大夏。"这个大夏指的又是今乡宁,等等。

(四)"唐人"之"唐"源于河东

海外称华人为"唐人",称大陆为"唐山"。此称始于唐朝。

因李唐王朝盛极一时,声誉远播海外,各国均称华人为"唐人"。而"唐朝"之"唐"又源于太原。高祖李渊任隋太原留守,太原古称"唐",故袭封唐国公。而太原之"唐"实则又系由翼城之"唐"讹传而来。故以此推论,则称华人为"唐人"之"唐",亦当起源于河东。

(五)"冀州"之"冀"亦在河东

中国上古分为九州,曰:冀、豫、雍、扬、兖、徐、梁、青、荆。而九州之中心则在冀州。《路史》曰:"中国总谓之冀州。"顾炎武《日知录》曰:"古之天子(尧、舜、禹)常居冀州,后人因以为中国之号。"冀州在哪里?《吕氏春秋·有始览》云:"两河之间为冀州,晋也。"《释名·释州国》云:"晋地有冀、秦地有雍,则是冀、雍以名州。"说的是冀州是由晋境内一个叫"冀"的地方而得名的。这个"冀"又在哪里?就在今河津市。《水经·汾水注》曰:"汾水过冀亭南……京相璠曰:'今河东皮氏县有冀亭,古之冀国所都也。'"当然,随着夏文化圈的扩展,冀州在地理上涵盖的范围就更加扩大了。

二

考古学回答:在华夏文化的史前期,河东是中国原始人类聚居的集中地带,沉淀了极其深厚的原始文化层。

(一)西侯渡人是中国土地上最早的居民,是世界上最先懂得用火的人

位于黄河岸边,芮城县境内的西侯渡文化遗址,是一处更新世早期文化遗址。这个遗址说明,早在180万年前,这里就有我们先民生存。这是迄今已经知道的生活在黄河流域的

◎发现"古中国"

最早的居民,也是生活在中国土地上最早的居民。这里发掘的石器为人工打制的刮削器、砍斫器和三棱大尖状器,这说明西侯渡人已开始用石片加工制造工具,这是世界上最早用石片加工技术的标志。这里还发现了人们用火的遗迹,说明180万年以前这里人们已开始用火。过去考古学家认为50万年前的北京人开始了中国人类用火的记录,而西侯渡遗址的发现,把中国人类用火的历史推前了130万年。这不但是迄今知道的中国人类用火的最早记录,也是世界人类用火的最早记录之一。与西侯渡属同一考古时期的还有云南元谋人、河北泥湾河人等,但无论是工具制造或火的使用,都远不及西侯渡人。故考古学家称赞西侯渡为目前我国"首屈一指"的古文化遗址。

(二)匼河文化、南海峪文化和丁村文化等展示了河东远古文化和延续性和丰富性

除了西侯渡文化,目前在河东还发现有多处原始文化遗址。最著名的是芮城境内的匼河文化遗址和襄汾县境内的丁村文化遗址。匼河文化遗址是距今约60万年前更新世中期的原始居民区。匼河文化分布得十分密集,范围广泛,证明当时此地古人类是相当繁盛的,这里出土的石器,制作技术有了明显的改进,有其明显的特点。匼河人也懂得了用火,代表了文化的一个类型,故被考古学界命名为"匼河文化"。位于垣曲县西南的南海峪文化遗址,与北京周口店文化遗址年代相近。丁村文化遗址,是距今约10—15万年前更新世晚期的原始居民区。这里出土的大量石器工具,多用来交互打击等

识读运城·古中国

更加进步的制作方法,并且这些石器一般都经过二次加工,这在古代遗址中也是很有特点的。位于垣曲县东北的历山大腰细石器文化遗址,是由旧石器向新石器转化的时期的古文化遗址,也是迄今长城以内仅见的一处细石器遗址。

(三)河东地区原始文化不但分布的密度高,而且对其他地区的原始文化也发生过深刻的影响

据专家考证,西侯渡文化与距今约 100—60 万年间的陕西蓝田文化有着不可分割的关系;匼河文化与隔河相望的陕西潼关、河南灵宝、三门峡等原始遗址文化面貌都有很多相似之处,说明他们之间时代相当,且相互有过交往。丁村文化在类型上更接近匼河文化,丁村人又与距今约 50 万年前的北京人有密切的关系;而北京文化与匼河文化关系最为密切,又较之进步,其源头可追溯到西侯渡文化。这些说明,从西侯渡文化开始,实际上已形成了一个以河东地区为中心的中国最古老的原始文化网络。

三

史料学回答:大量上古传说表明河东是华夏民族伟大开创者活动的中心。

(一)黄帝的传说

河东有关黄帝的传说,最有名的是"黄帝战蚩尤"的故事。据说黄帝最后擒获蚩尤于中条山下,并且肢解了蚩尤,"解州"之"解"由此而得名;蚩尤血流化为卤水,由此而形成运城盐湖。至于擒杀蚩尤之处,则名曰"蚩尤城"(后改名"从善村")。传说黄帝与炎帝大战于阪泉,最后战胜炎帝建都于

◎发现"古中国"

涿鹿,这"阪泉"与"涿鹿"据说也都在运城一带。黄帝妃子嫘祖,发明了养蚕,当地传说她是夏县西阴村人。1925年考古学家李济在西阴遗址发掘出了大批史前文物,其中包括有半个蚕茧化石。黄帝的贤相名叫风后,传说他是解州城郊社东村人。是他发明了指南车,帮助黄帝战胜了蚩尤。他死后葬于蒲坂,名曰"风陵",今天的风陵渡即由此而得名。

(二)尧舜禹的传说

《世本》、《帝王世纪》等典籍都有"尧都平阳,舜都蒲坂,禹都安邑"的记载,可知河东确曾是尧舜禹活动的中心地区。故这里关于他们的传说尤多。最典型的如:尧访贤梦舜(在运城),尧闻康衢谣(在临汾),尧禅舜遇五老(在永济),舜耕于历山(在垣曲、芮城),舜渔陶于河滨(在永济),舜歌《南风》(在运城),禹王勘水(在芮城),禹凿龙门(在河津),禹辟三门(在平陆),涂山氏望夫(在夏县),等等。

(三)物事起源的传说

有许多关于物事起源的传说都发生在河东。如后稷教民稼穑(稷山),董父豢龙(闻喜),奚仲造车(夏县)、巫咸占卜(夏县)、嫘祖饲蚕(夏县)、风后造指南车(运城),傅说版筑(平陆),等等。看来,先民们关于衣、食、住、行的问题都是在这里开始解决的。甚至连女娲补天(万荣),巨灵劈山(永济)之类"创世纪"的传说,在这里也存在。

这些传说表明,由炎黄二帝创始的华夏文化,在这里经历尧舜禹及夏王朝发展,已有长足的划时代的进步,开始形成比较完备的形态。

四

民俗学回答:河东民俗大量印证了上古初民生活方式及特点,反映了华夏文明某些原始状态和演进历程。

这里不妨以"寒食"为例。"寒食"之俗,全国皆有,而河东及并州、上党地区尤盛,这是因为寒食之俗发端于河东。据现存的说法,寒食是为了纪念"功不言禄"的晋大夫介子推。因为晋国在河东,介子推又是河东人(夏县裴介村人),且死于河东(一说介休,一说翼城,一说万荣)。但事实上这是一种附会的说法。"寒食"的真正起因在于上古的"改火"之俗。原来上古时代先民们使用的是一种"火历",即按大火星(心宿二)运行规律来置历。每年春天,当大火星出现在东方时,即作为一年的开始。先民们且认为天上的"火"与地上的"火"是相通的。因而当新的一年开始时,都要把过去的旧火全部熄灭,然后再引新火。在这新旧交接的几天里不得举火为炊,只能寒食,于是形成"寒食节"。当然,"改火"也要举行隆重的仪式,其中最主要的是把一个活人当作树精或谷精的代表放在火里烧死,以祈求丰收。后稷是谷神,且又在河东教民稼穑,"改火"烧死的谷精其实是代表谷神后稷的人牺。由此也可想见,当初"改火"极有可能也是发端于河东的。到了春秋之后,"改火"之俗已经湮灭,而"寒食"之俗依然流行,只是人们已渐渐弄不清寒食的来历,于是便把人牺编派到当地另一名人介子推身上附会于其中,一直流传下来。今天我们对河东的"寒食"风俗加以考究,就不难发现先民们置历方式及原始崇拜的影子。类似的例子还很多,今平陆、垣曲一带山区的"地窨院",由平地而开掘凿天井,挖窑洞,就是上古人类穴居风俗之遗。芮城、永济、河津滨河农村婚嫁迎娶仪式多在午后甚至晚间举行,这显然是上古婚俗的遗风。因为上古"婚"字原本写作"昏",是取黄昏时分阴阳相交的意思。再如河东乡间流行的"打缸"游戏,基本上保留了上古"尧民击壤"的完整形态,永济、芮城一带农村"背冰"等红火显现了上古人们剽悍勇武的性格和战胜自然的气魄,等等。

五

人才学回答:文明的形成是一个过程,河东历代人物繁盛,名家荟萃,才俊辈出,对华夏文明的形成发展做出了巨大贡献。

河东历史上名人很多,其中卓然立世,堪为翘楚者即有:

哲学家:荀子(新绛人),薛瑄(河津人);

文学家:柳宗元(永济人),王维(永济人),薛道衡(万荣人),王勃(万荣人),王绩(万荣人),聂夷中(永济人),王之涣(新绛人),卢伦(永济人),司空图(永济虞乡人);

戏剧家:关汉卿(运城人),郭宝臣(临猗人);

书画家:卫夫人(夏县人),张彦远(临猗人);

史学家:司马光(夏县人);裴松之、裴骃(闻喜人),董狐(曲沃人);

训诂学家:郭璞(闻喜人);

教育家:王通(河津人);

地理学家:裴秀(闻喜人);

音乐家:师旷(曲沃人);

识读运城·古中国

水利专家:李冰(运城人);

政治家:重耳(曲沃人),魏斯(安邑人)、裴度(闻喜人),裴行俭(闻喜人),柳元景(运城人),赵鼎(闻喜人);

军事家:廉颇(安泽人),关羽(运城人),薛仁贵(河津人),张守珪(临猗人);

纵横家:张仪(万荣人)。

近当代著名人物则有:李岐山、景梅九、王用宾、薛笃弼、姚以价、嘉康杰、李健吾等等。当代党和国家领导人则有:彭真(侯马人),李雪峰(永济人),姬鹏飞(临猗人),程子华(运城人),傅作义(临猗人),董其武(河津人)等等。

河东名人辈出,既为中华文明增添了光彩,同时也证明了河东是一片沃土,是华夏民族古老文明的摇篮。

(1993年8月)

◎发现"古中国"

中国、华夏与河东

"中华"一词,"中"指"中国","华"指"华夏"。"中华民族",即中国华夏民族;"中华大地",即华夏民族聚居的中国圣土。然而,无论"中国"或"华夏",其名称起源都与河东有着不可割舍的联系。

河东最早称"中国"。"中国"一词含义颇丰,然其首始之义乃指"京师"。《诗经·大雅·民劳》曰:"惠此中国,以绥四方。"《疏》曰:"中国,京师也。"《史记·五帝本纪》:"尧崩,三年之丧毕……(舜)而后之中国践天子位焉。"《集解》引刘熙注曰:"帝王所都为中,故曰中国。"著名考古学家苏秉琦先生《华人·龙的传人·中国人》一文说,襄汾陶寺遗址考古发掘表明,史有"中国"之称正当尧、舜、禹之时,"中国"一词最初指的是晋南一块地方,即"帝王所都"。而文献记载的"尧都平阳,舜都蒲坂,禹都安邑"均在今河东境内,故最早的"中国",当指河东这块风水宝地。当然进入夏朝以后,夏族东进,都城由河东迁往河南,此时的河东便不再是"中国"。不过这已是后话了。

"华夏"一词由"华"与"夏"两个部族名称组成。而据古史专家考证,"华"即是"夏","夏"即是"华",二者都是指最先在中国兴起、文明程度最高的那个或称"夏族"、"夏人",或称"华

族"、"华人"的部族。

夏人长期在河东居住,并在河东崛起。历史上称夏人生活过的地方为"夏墟"或"大夏"。据统计,史籍中有记载的"夏墟"有两个,一个在今翼城、绛县、侯马一带,即古唐侯封地;一个在今夏县、平陆、安邑一带,即西周虞仲所封之地。而史称"大夏"的地方共有五处。其一在唐,即上述翼城、绛县一带;其二在平阳,即今临汾一带;其三在安邑,即今夏县、平陆一带;其四在晋阳,即今永济、虞乡一带;其五在鄂,即今乡宁、河津一带。当然这只是史籍中提到并被保留下来的几个称"大夏""夏墟"的地方,并不等于河东只有这几个地点是夏人居住过的。揆诸当时的历史情况,河东地区可能还有夏人聚居之地,均可称为"大夏"或"夏墟"。故最早所说"华夏"之"夏",应指河东。

关于"华"的起源主要有三种说法,一为"华山说",一为"华水说",一为"玫瑰花说",而这些说法都与河东有关。

"华山说"的代表人物是国学大师章太炎、史学家范文澜等。他们认为,"华夏"之"华"是由"华山"而得名。所谓"华族"是居住在华山附近一个部族。而古人又认为关中的华山,在远古时代与河东的中条山是连为一体的。晋人《搜神记》称两者为"二华之山"。由于龙门未凿,河水横流,为害民生,有位巨灵神手推足踏,将华山与中条山一分为二,使黄河从中间流过。至今华山上尚留有掌印,中条山亦留有足迹,而中条山也被称为"东华山"。如此说来,华族的原居地亦非专指关中,而且兼指中条山,故河东亦是"华族"发源地。

◎发现"古中国"

"华水说"的代表人物是史学大师顾颉刚及刘起釪教授。他们认为,"华"与"夏"为同一部族,"华族"族名的形成则在夏族生活繁息的河东地区。古代汾水下游有一条支流名叫"华水",华水出自今稷山、乡宁的华谷,("华谷"即"华峪",今稷山犹有华峪镇,乡宁犹有黄华峪)毗邻于古代的冀国国都冀亭。居住在华水流域的夏人,以其所居地之"华"水来命名自己的部族,其他戎狄部族的人也称他们为"华人"。于是,河东的夏人便又有了"华人""华族"这样的名称。而他们在华水流域所建的古国"冀",也成为天下九州之首"冀州"命名的依据。而"冀州"在历史上也被作为"中国"的代称。《说文》:"夏,中国人也。"《路史》曰:"中国总谓之冀州。"《日知录》云:"古之天子常居冀州",后人"因以冀州为中国之号"。

"玫瑰花说"的代表人物是著名考古学家苏秉琦教授。他认为仰韶文化的一种标志是彩陶制器上有大量的玫瑰花(包括枝、叶、蕾、冠或仅花冠)图案,这就是"华人"的"根"。生活在仰韶文化地带的自关中到中条山以及黄河两岸的先民,以玫瑰花作为自己的族称,因而有了"华人"的名号。而我们知道,仰韶文化的核心地区在关中、豫西和河东这个三角地带,故"华族"的起源与河东是分不开的。

总之,有关"华夏"名称之起源,虽然说法不尽相同,但都与河东有渊源关系。所以,称"河东是华夏文明发祥的核心区域"、"河东是华夏民族重要发祥地"都是有一定道理的。联系前面所说"河东最早称'中国'",则"中华"一词与河东的关系也是不言而喻的了。

(2006年8月)

"中条山"得名于何时

中条山是河东一条主要山脉。它西起蒲坂,滨河而踞,经芮城、虞乡、解县、平陆、安邑、夏县、闻喜、垣曲,绵延迤逦,长达140公里。因为它"狭而长,呈条状,西起华岳,东抵太行,此山居中,故曰中条"(见《清一统志》)。中条山共分十几段,每段各有其名。曰首山,曰雷首,曰尧山,曰历山,曰薄山,曰襄山,曰甘枣山,曰猪渠山,曰葱茏山,曰方山,曰虞山,曰王屋山,等等。可以说是中国山脉中名字最多的一个。

那么,"中条山"于何时而得名呢?

翻阅史籍我们会发现,"中条山"在典籍中最早出现的名字是"雷首",而且在相当长的时间里一直被称为"雷首山"。

《尚书·禹贡》有"雷首"之名,而无"中条"之名;

《穆天子传》亦有"雷首"之名,而无"中条"之名;

《山海经·中山首经》讲的是中条山的事,但有"雷首""薄山""历儿山""吴山"等名,亦无"中条"之名;

《汉书·地理志》河东郡:蒲州有"首山",亦无"中条"之名;

《搜神记》:"二华之山,本一山也。当河,河水过之而曲

◎发现"古中国"

行。河神巨灵,以手劈开其上,以足蹈离其下,中分为两,以利河流。今观手迹于华岳上,指掌之形俱在,脚迹在首阳山下,至今犹存。"称其为"华山"、"首阳",亦无"中条"之名。

《水经注》提到首山、雷首山、甘枣山、葱茏山、王屋山、景山,等等,亦未提到"中条山"。

以上说明,在魏晋以前重要的历史地理文献中尚未出现"中条山"的名字。

"中条山"之名大量见于文献记载是在唐代,即公元618—907年之间。

《括地志》曰:"雷首山延长数百里,随州郡而异名,一名中条山,一名首阳山。"

《元和郡县志》曰:"雷首一名中条,在河东县南十五里。"
《唐六典》亦曰:"河东道名山曰雷首,亦曰中条。"

值得注意的是,这些典籍提到"中条山"时,都一无例外首先说它是雷首山,然后才说起它"一名中条"或"亦曰中条",这再次说明"中条"是后起之名。到宋代的《太平寰宇记》及元、明、清历代官修的《一统志》才都正式使用了"中条山"的名字。

"中条山"之名最早见于正史的是在《魏书·释老志》。书中有这样一段记载:"河东罗崇,常饵松脂,不食五谷,自称受道于中条山。世祖令崇之还乡里,立坛祈请。崇曰:'条山有穴,与昆仑、蓬莱相属。入穴中得见仙人,与之往来。'"魏收编纂这部史书是在北齐天保二年到五年,即公元551—554年。书成之后,因倾向偏颇,被称为"秽史",屡有毁废,到北宋初

89

年已散佚不全。后由宋人刘恕、范祖禹等补修而成今本。魏世祖拓跋焘在位时间为公元424—452年,如果《释老志》不存在晚出材料的"阑入",那就可以肯定,"中条山"之名出现在公元五世纪。

近年来,有同志提出,"中华"一词之"中"是指河东的中条山,"华"是指陕西的华山。也有同志提出,"中华"的"中"是指中条山,"华"是指华水。这两种说法都不够确切。原因是"中华"一词的产生,要早于"中条山"之名。

从史籍来看,"中华"一词正式见诸记载不晚于西晋。《晋书·刘峤传》载,晋惠帝永兴二年(公元305年),刘弘上表给惠帝,表文中即有"今边陲无备豫之储,中华有抒轴之困"的说法。

这说明早在公元三世纪,"中华"一词已经流行开来。而此时"中条山"之名可能还没有产生。因此,"中华"之"中"不可能是源于"中条山"之"中"。

在古代人心目中,"中国"即"华夏","华夏"即"中国";"中国"与"华夏"可以互训。"中华"一词即各取其一字而成,"中"是指"中国";"华"是指"华夏"。而"中国""华夏"这两个词,早在西周的典籍和金文中已经出现了。

(2011年10月)

◎发现"古中国"

五老峰的传说

　　河东在中国文化史上地位之重要,在于她是源头,有许多人文现象都可以从这里找到根。庐山五老峰之名源于河东就是一例。

　　庐山位于江西与安徽交界处,是中外驰名的风景胜地。熟谙中国现代史的人们都知道,三十年代蒋介石就几乎每年都要到庐山避暑;五六十年代毛泽东也曾多次登庐山,在那里开会、休假,还写了不少诗作名篇。其实庐山作为风景名胜并非是近代才出了名,在古代就很有名气。不少诗人墨客都曾到过庐山,并留下诗文。李白的《望庐山瀑布》就是一篇烁誉古今的佳作。庐山景点很多,东南部名峰"五老峰"就是其一。《辞源》诠释"五老峰"说:"五峰耸立,突兀雄伟,云烟缥缈,变化万千……峰下九迭坪,传为李白读书处;东南有白鹿书院遗址,为宋朱熹讲学处。"对此,李白咏庐山的诗篇中也专门有一首《望庐山五老峰》曰:"庐山东南五老峰,青天削出金芙蓉。九江秀色可揽结,吾将此地巢云松。"清人杨秀贤为此诗作注曰:"《浔阳记》:山北有五峰,于庐山最为险峻,其形如河中府虞乡县五老之形,故名。"《浔阳记》是晋人张僧鉴所撰著的一本关于九江一带地方志书。据此看来,连大名鼎鼎"庐山五老峰"也是借鉴虞乡五老峰而得名,可见在汉晋以前,虞乡五老峰就已经很有名气了。

虞乡五老峰又名五老山、葱聋山。《山海经》中说的:"葱聋之山,其中多大谷",指的就是这座山。它由五座奇峰组成,分别叫作东锦屏峰、西锦屏峰、玉柱峰、太乙峰、苍龙峰。孤峰耸峙,云烟缭绕,宛若五位老者驾风云游,是以得名。而这"五老"之名来源则亦见于典籍。《竹书纪年》"帝尧陶唐氏篇"曰:"帝在位七十年……洪水即平,功归于舜,将以天下禅之。乃洁斋修坛于河洛,择良日,率舜等升首山,遵河渚。有五老游焉,盖五星之精也。相告曰:《河图》将出,告帝以期,知我者重瞳黄姚。五老因飞如流星,上入昴。"意思是说,帝尧确定舜为接班人后,准备举行禅让大典。一天,他带着舜和百官登上首阳山,沿着河中沙洲巡游。遇有五位老者散步。这"五老"即金、木、水、火、土五星之精灵。"五老"相告说,《河图》将要出现,会告帝尧大典之时刻。到时候,那位眼中有重瞳的舜就会请我们回来的。说罢便化作五颗流星,向天空飞去。从这个神话传说可知,所谓"五老峰",原是金、木、水、火、土五星之精的化身!

《帝王世纪》称"尧都平阳""舜都蒲坂"都距虞乡不远。因此,五老峰之出名,一则与景致奇特有关,再则可能与此神话传说也有关系。据地方志载:五老峰在方山东,去虞乡西南十里,峭壁千寻,援铁而上。山有雷公洞,有张果洞,有韩君洞,常有仙人在此修行炼药;有龙井、有名泉,香火不绝,盛甲一方,成为我国著名道教圣地,沿袭千余年而不绝。

五老峰的衰落,当在明清以降。据《临晋县志》称:"五老峰及首阳山一带。唐宋金元为永乐、虞乡两县胜地。宋废永乐,元废虞乡,城郊人民繁荣顿改,山灵亦久寂寞。"尤其明清以来,黄河崩岸,蒲州毁于水,城势衰竭,失去昔日的中心地位,也失去了昔日繁华,与之相倚恃的五老峰亦随之衰竭下来,渐渐为人们所遗忘。

今天在改革开放形势下,五老峰开发已势在必行。望有关方面能加大投入,加快开发,使这个湮闻已久的形胜之地,重焕昔日风采!

(1996 年)

"陶寺"得名考

陶寺遗址的发掘，打开了探索中华文明源头的一扇大门。那么，"陶寺"之名是什么意思？笔者2005年曾赴当地进行过一次考察。

据襄汾县民政局《地名信息登录》记载："因该村有座寺，并炼制陶瓷，固（故）名陶寺。"向村中老年人调查时，村民们都谈到了当地有个歇后语："和尚翻墙——逃寺"。说古代村外有座崇福寺，寺中和尚与村中民妇有染，被长老处罚，连夜翻墙而逃，故村名叫做"逃寺"。嫌不雅，谐音改为"陶寺"。一位老人并向笔者指认了崇福寺遗址（现已改为学校），相距不到五十米处即有残存的城墙。另一位老人告诉笔者，陶寺村原先共有五座城门，是个凤凰城，东门是凤嘴，两座西门是凤足，南北门是凤的双翅。笔者还看了村中保存最古老的建筑关帝庙，庙里有一通至元二十六年立的"新修关公行祠记"碑，碑文说"襄陵陶寺里旧有关公祠，建于大德五年"。可知元代此村就称"陶寺"。

现在已经很清楚，陶寺一带有四千多年前的古城遗址，而且与史记记载"尧都平阳"地望相吻合，可见这里很早就是

◎发现"古中国"

陶唐氏部族的聚落,陶寺之"陶"应与陶唐氏有关,故"寺中制陶"之说不可信,"逃寺"之说更是雅谑。那么,陶寺之"寺"最初是否即以崇福寺而得名呢?笔者以为:还不能这样说。我们知道,佛教是自东汉才开始传入中国,而史载称僧舍为"寺",是北魏太武帝光始元年(424年)才开始有的,当时也还是"伽蓝"与"寺"并用(如著名的游记杨玄之《洛阳伽蓝记》就称寺院为"伽蓝")。隋代又废"寺"改称为"道场",直到唐代才大量使用"寺"的名称。故陶寺村之"崇福寺"最早也在唐代才有其名。村与寺比较,当然是建村在先,建寺在后。那么建寺之前这里的聚落叫什么名字呢?此时"陶"字应当已经有了,而后面这个地名字是那一个字呢?是陶村、陶镇,还是陶山、陶乡呢?笔者以为都不是,很可能是"陶城","陶寺"应当是由"陶城"音转而来。这不仅因为陶寺有已被考古发掘证实为四千年前尧舜时期的城址,也不仅因为该村后来还有过"凤凰城"现在仍有城墙遗址,而且还因为"城"字和"寺"字方音相近,经常混用。

我们知道,"城"字今普通话读 chéng,而在古代"城"是个禅母清韵平声字,《广韵》注为"是征切",折合今音应读为 shēng。在山西各地地名中,"城"有多种方音读法。《山西方言调查研究报告》说:"'城'字白读 s、sh 声母多见于地名",而在各地地名中比较普遍的是读"城"为 shi 和 si(寺)。如芮城县城南村,呼作"shi 南",阳城村呼作"岳 shi",平遥县青城村呼作"青 shi",孝义市偏城村呼作"撇 shi"。在许多 sh 与 s 读音不分的地方,"城"字则多读如"si(寺)"。例如,灵石县的玉城村当地呼作"玉寺";孝义市的小虢城,呼作"小虢寺";祁县的大虢城呼作"大虢寺",祁城呼作"慈寺",城赵镇呼作"寺足";榆次近郊的城赵镇呼作"寺赵",城张村呼作"寺张",等等。故尔,这里的"陶寺"有可能即是"陶城"二字的俗读误写。

另据1991年版《襄汾县志》,方言调查把襄汾话分作史村话、汾城话、古城话、襄陵话、邓庄话等五个小片。史村话、汾城话、古城话、襄陵话里都有读"sh"为"s"的现象。看来很可能陶寺村在建寺之前本名"陶城",本地人呼作"陶 shi"或"陶 si"。由于在本县绝大部分地区以及南边毗邻的新绛县、曲沃县、侯马市和东边的浮山县,人们的口语多是"sh"与"s"不分,于是"陶 si"的称说越来越占了上风。再后来随着村外建起了崇福寺,于是将"陶城"彻底呼作了"陶 si",也写作了"陶寺"。沿袭至今,"陶城"之名反倒被淹没了,以致今天人们演绎出了"寺中制陶"、"和尚逃寺"之类的故事来作诠释。

"陶寺"原名"陶城",再联系当地方言呼太阳为"尧王",或可进一步证明这里原本就是陶唐氏所建的城邑,是史载"尧都"之所在。

(2007年)

◎发现"古中国"

"尧民击壤"是怎么回事

我国古代典籍中多处有关于"尧民击壤"的记载。晋人皇甫谧《高士传》说:"帝尧之时,天下太和,百姓无事。壤父年五十而击壤于道中。观者曰:大哉帝之德也。壤父曰:吾日出而作,日入而息,凿井为饮,耕田而食。帝何德于我哉?"这就是著名的"尧民击壤"的故事。其中"日出而作,日入而息,凿井为饮,耕田而食。帝何德于我哉",被后世称作"击壤歌""壤父歌""尧民歌"而传布甚广。清人沈德潜编《古诗源》一书,还赫然将其列为卷首,视为我国有文字记载的最古老的一首诗歌。"击壤"一词也被历代文人用作形容太平盛世百姓安居乐业的代称。

那么,所谓"击壤"究竟是一种什么游戏,"壤"又是个什么东西呢?因年代久远,后人说法不一。三国时代魏人邯郸淳在《艺经》中这样记述:"壤,以木为之,前广后锐,长尺四,阔三寸,其形如履。将戏,先侧一壤于地,遥于三四十步以手中壤敲之,中者为上。"以此看来,这种游戏的主要特征是:一、赛具为"壤",木制,"其形如履";二、赛距为"三四十步";三、比赛方式是"先侧一壤于地",然后"以手中壤敲(击)之";四、以投掷命中为标的,"中者为上";五、活动似不受节令限制。

对照"击壤"的这些特点,我们发现,这种流传久远的上古时代的游戏,与流行在晋南乡间、被称作"打缸"的游戏颇为相似。20世纪50年代以前,当地许多人都玩过这种游戏,至今记忆犹新。

"打缸"又称"砸缸""叩缸",是一种竞技比赛,参赛人数一般为三四人,或者多至五六人亦可。赛具"缸"是较为方正的半截砖,每人各执两块。赛前先划A、B、C三道线,两线间距离约为丈许。比赛开始,一方先将自己的一个"缸"立于A线上。由另一方站在c线上,以各种规定的动作将手中的"缸"投掷过B线,借助于腿脚,将对方的"缸"击倒。然后再站在B线上,以同样的动作投掷,直接将对方的"缸"击倒。是为一段两节。全部赛程共计八段十六节,每段规定的投掷动作姿势各不相同,每节均以击倒对方的"缸"为标的,最终以先完成全部程序者为胜。如果参赛者较多,属于同一方的人员可以互相帮忙。遇到双方相持不下时,还可增加比赛动作的难度。这种游戏不拘节令,春夏秋冬四季皆可,活动场所多在大道上,或场院一角平坦开阔地带。

我们将"打缸"游戏同《艺经》所载"击壤"比较对照,可以看出,"打缸"除了所用赛具为砖块,与"击壤"所用为"木制履形"的"壤"不同外,其余则完全保留了古代"击壤"游戏的特点,且程序更加细致、完备、丰富、有趣。

"击壤"赛具由"木制履形"演变为砖块,于隋唐时代已见记载。《隋书》卷十五说:隋炀帝曾令乐工白明达造新乐,创制

◎发现"古中国"

《藏钩》《投壶乐》《掷砖续命》《斗鸡子》等曲。显然是为"掷砖（击壤、打缸）""投壶""藏钩""斗鸡"等种种游戏所配制的乐曲。故可知当时"击壤"之戏已开始演变为"掷砖"了。晋南的"打缸"所保留的或许就是当时宫廷《掷砖》游戏的形式。宋元以下，"击壤"又被称作"抛堶"、"飞垜"（古代又称砖为"堶"或"垜"），游戏形式或简或繁各地不尽相同，但其以投掷命中为标的的基本特征始终没有改变。

击壤之戏为何称为"打缸"？很可能与古代游艺多"击瓮以和歌"的习俗有关。上古之游戏往往是载歌载舞且有伴奏，伴奏多是"击瓮（缸）叩缶"以应节拍。"击壤"之戏称为"打缸"，又称"叩缸"、"砸缸"（打、叩、砸都有"敲击以令发声"的意思），或许就是用伴奏来代指全部游戏的，犹如后人将蒲剧、秦腔、晋剧、豫剧之类声腔艺术称作"梆子"一样。

晋南是华夏民族的重要发祥地，是上古时代圣君尧舜禹活动的中心地区。《左传·孔疏》称"尧治平阳（今临汾），舜治蒲坂（今永济），禹治安邑（今夏县）"；《通典》称"尧初都蒲坂，后都平阳"，又称"安邑为尧舜旧都"，等等。帝尧活动的遗迹和传说遍及晋南各地，而在临汾一带更加密集，城东北康村依然保留有尧民"击壤处"的碑刻。因此，这一古老的游戏在当地流传下来，沿袭数千年，历久而不衰，当非偶然。

附录：

晋南"打缸"游戏的程式：

开始之前，先在地上画 a\b\c 三道等距线，一方将"缸"

(砖块)立于a线上,另一方开始用自己的砖以各种不同方式击倒对方的"缸"。如一次未能击倒,则双方交换角色。最终以先完成四段十六节程序者为胜出。

第一段

第一节:站于c线上,手掷砖过b线;然后两腿相交,以右脚靸砖击倒对方的"缸"。

第二节:站于b线上,手掷砖击倒对方的"缸"。

第二段

第三节:站于c线上,两腿微蹲,作骑马式;从两腿间掷砖过b线;然后两腿相交,以右脚靸砖击倒对方的"缸"。

第四节:站于b线上,两腿微蹲,作骑马式;以手从两腿间掷砖击倒对方的"缸"。

第三段

第五节:站于c线上,右腿提起,从右胯下掷砖过b线;然后两腿相交,以右脚靸砖击倒对方的"缸"。

第六节:站于b线上,右腿提起,从右胯下掷砖击倒对方的"缸"。

第四段

第七节:站于c线上,左腿提起,从左胯下掷砖过b线;然后两腿相交,以左脚靸砖击倒对方的"缸"。

第八节:站于b线上,左腿提起,从左胯下掷砖击倒对方的"缸"。

第五段

第九节:站于c线上,左腿横抬,右手从左腿下掷砖过b

◎发现"古中国"

线;然后两腿相交,以右脚趆砖击倒对方的"缸"。

第十节:站于 b 线上,右腿横抬,左手从右腿下掷砖击倒对方的"缸"。

第六段

第十一节:站于 c 线上,右腿横抬,左手从右腿下掷砖过 b 线;然后两腿相交,以左脚趆砖击倒对方的"缸"。

第十二节:站于 b 线上,左腿横抬,右手从左腿下掷砖击倒对方的"缸"。

第七段

第十三节:站于 c 线上,两脚夹砖,前跳一步,将砖送过 b 线;然后两腿相交,以右脚趆砖击倒对方的"缸"。

第十四节:站于 b 线上,两脚夹砖,前跳一步,以砖击倒对方的"缸"。

第八段

第十五节:站于 c 线上,以两腿膝关节内侧夹砖,前跳一步,松腿将砖送过 b 线;然后两腿相交,以右脚趆砖击倒对方的"缸"。

第十六节:站于 b 线上,以两腿膝关节内侧夹砖,前跳一步,松腿以砖击倒对方的"缸"。

(1995 年 4 月)

鸣条舜迹漫考

故安邑县西北有鸣条岗。岗自绛县始,跨闻喜、夏县,蔓延百里,势若游龙,迤逦于陶村、王范、冯村、北相、泓芝驿诸乡镇,西入猗氏境,至香落村而歇。

"鸣条"之名颇古。《尚书·序》:"汤伐桀,升自陑,遂与桀战于鸣条。"《左传·孝公二年》:"晋(穆)侯夫人姜氏以条之役生太子",均指此地。鸣条岗又名"鸣条陌"。《汉书·地理志》云:"鸣条陌在安邑县西北。"溯及上古,鸣条尚有尧舜旧都之说。《晋书·地理志》及《太康地道记》皆云:"虞舜旧都安邑及鸣条地。"《帝王世纪》及《通典》又称:"安邑为尧舜旧都,后为夏禹都。"此地既有"虞舜旧都"、"夏禹都"之说,故岗上舜迹传说颇多,至今一些地名犹反映出这方面的历史信息。

首先,"鸣条"之名就透露出此地与舜迹的必然的深邃的联系。因为舜为东夷族之首领,而东夷族则是以"凤鸟"为图腾(有别于夏族以龙为图腾)的部落联盟。"鸣"字从口从鸟,据专家考证,"鸣条"即凤鸟鸣于枝条之义。以"鸣条"作地名,本身即蕴涵着东夷族鸟图腾的意象,表明这一带曾是东夷族人活动的一个地区。

◎发现"古中国"

鸣条舜迹最著者为舜帝陵,今称"舜帝庙"。史籍关于舜陵的记载,歧见并出,要者无非二说。《孟子》曰:"(舜)卒于鸣条。"《竹书纪年》曰:"四十九年,帝(舜)居于鸣条,五十年陟。"此可谓之"鸣条说"。《礼记·檀弓》云:"舜葬于苍梧之野。"《史记》曰:"舜践位三十九年,南巡狩,崩于苍梧,葬于九嶷,是为零陵。"此可谓"苍梧说"。两说之中,当以"鸣条说"为胜。

先秦古籍有关舜死之记载,最早见于《尚书》。《尚书·舜典》曰:"舜生三十而征庸,三十在位,五十载陟方乃死。"意思是说,舜30时被尧起用,又过了30年而登上天子位,先后治理天下50年,而后去世,并未提到死于何地。"苍梧说"之误,在于对书中"五十载陟方乃死"一句有误解。今按,"陟"的本意为"登临(高处)",故帝王之死谓之"陟"(升天),帝王之巡狩,遍历名岳大山,四方形胜,亦谓之"陟方"。而"陟方""巡狩"亦引申为治理天下之代称。故"五十载陟方,乃死"一句,系承接上文,总括其一生,谓舜"治理天下(巡狩四方)五十载,而后去世",并非说是在位五十载时外出巡狩而死。据典籍传疏记载,舜一生活了一百一十二岁,试想一个如此高龄的老人,在荆棘满路、交通十分不便的情况下,如何能千里迢迢去南方苍梧之地巡狩呢?《竹书纪年》载"四十九年,(舜)居于鸣条,五十年陟",是可证舜晚年并无巡狩之事,而"卒于鸣条"之说无误。

再者,所谓"葬于苍梧之野",也未必就是南粤之梧州,湖湘之九嶷。"苍梧"之地,后学多指为广西梧州。而如前所述,

103

梧州距舜都蒲坂约两千多里,彼时尚未开发,系不毛之地,即后出《禹贡》所示"九州"版图亦不及此地。"苍梧"之名或为秦汉以后所起,在舜虞时代,未必有此名;如有此地名,则应距舜都不远。《竹书纪年》注曰:"鸣条有苍梧之山,帝崩遂葬焉,在今海州。"对这里"在今海州"四字,后世学者多指出系衍生,应删去。又《山西通志》载苍梧即条山,"条山有苍陵谷",故"苍梧之野"与"鸣条"实为一地。这就将《尚书》与《孟子》《檀弓》诸说统一起来了。弄清这一点,则可知古代"苍梧""鸣条"并非两说,实际上是一回事,只是后人理解有误罢了。

对于"苍梧说"的传播,《史记》的"南巡狩"说起了很大的推广作用。那么,"南巡狩"说是如何来的?我们知道,三代以上历史本无文字记载,到战国时期,诸子百家才根据传说构拟古史体系,因此众说纷纭。到了西汉初年,汉儒再次根据儒家经典,吸纳野史轶闻,对上古历史进行编理。司马迁采写上古帝王本纪,也是这样。这就难免有道听途说之处。正如司马迁本人在《五帝本纪赞》中所说:"所至之处长老往往称黄帝尧舜之事"。各地的人都说黄帝尧舜在当地活动过,关于舜的记载很可能就是采信了某些"当地人"的说法。这就需要后人作一番去伪存真的工作。

这里需要特别指出的是,《竹书纪年》史料价值不容忽视。《纪年》是战国时期魏国的史书,至晋太康年间方才发掘出来。其藏于地下达500年之久。中间逃过了秦始皇焚书坑儒的劫难,又免去了汉儒的杂染篡改,故所记之史当甚为有据,不可轻菲之。今世学者发现,《竹书》所载,虽与传统典籍

◎发现"古中国"

(包括《史记》)记载颇多违异,然却与甲骨文和青铜器铭文所载相符合。例如,《尚书·无逸》提到商朝"中宗",《史记·殷本纪》等典籍都认为是商王大戊,但《竹书》却认为中宗是商王祖乙。后在清末发现的甲骨文中即有"中宗祖乙"的称谓。证明《竹书》是正确的,《史记》记载有失误。又如齐桓公午在位的年数,《史记》中"田敬仲完世家"和"六国年表"均作6年,《竹书》则作18年,而青铜器《陈侯午敦》的铭文即载有齐桓公十四年的事,证明《竹书》是对的,《史记》则非,等等。同样道理,关于舜葬何处的问题,我认为还是应当相信《竹书纪年》的记载。

又,舜陵之北有"余林村"。《运城县地名录》称:"该村位于舜帝陵以北三公里处,舜帝安(号)虞,因与虞陵为邻,后演变为余林。"按,此说颇有道理,"德不孤,必有邻",以虞帝为邻亦是吉兆,以"虞邻"为村名亦可体现圣人教化作用,故不当以此说为非。然而从"余林"与舜帝庙紧相毗邻,古之舜陵面积颇大来看,"余林"亦可能是"虞林"之别写。盖古圣人之陵称作"林",如作为曲阜"三孔"之一的"孔林",实即"孔陵",洛阳之"关林"亦为"关陵"之别称。故"余林村"或者原本就是"虞林村",是将陵、庙、村作一体观的。

鸣条冈上有太方村。《安邑县志》称:"太方,古名虞城。"如前引述,《竹书纪年》"帝舜有虞氏"曰:"四十九年,帝居于鸣条。""五十年,帝陟。""鸣条有苍梧之山,帝崩,遂葬焉"。从这些记载可知舜帝晚年居于鸣条,卒于鸣条,葬于鸣条。《舜陵碑文》:"舜暮年思居旧邑,禹乃营鸣条牧宫以安之。"《伊训》亦曰:"造攻自牧宫"。故笔者以为此虞城,很可能即是舜之牧宫所在地。

再者,从"太方"之名看。上古邦国谓之"方",夏商邦国林立,有"马方","虎方""井方""孟方""三封方""鬼方""土方""羌方""夷方"等等。称"虞城"为"太方",乃尊虞舜所都为上国之地也。《运城县志》说:"唐代村之东岭葬一清官,建有牌坊,名'太方'。明嘉靖间更为'泰坊',后演变为'太坊'。此说容或未当。"太"古训"极大"。故皇子称"太子",皇母称"太后",皇父称"太上皇",皇家宗庙称"太庙"。一官之坊,何以敢称"太坊"? 换言之,"太方"者或为古"虞城"之别称也。

其三,太方村南有"杨余村"。《运城县地名录》称"据传该村原名东药工、西药工,后人叫洋宇。因此名叫之不顺,故改名杨余。"这个地名亦保留了重要的历史信息。今按,该村既近"古虞城","洋宇""杨余"当系"扬虞"之讹写,命名取弘扬虞舜精神之义,与陈胜所号称"张楚",金将娄室所屯称"张金"取义略同。而且该村原有"药工"之名,而"药"当系"扬"之俗读,"工"当系"宫"之伪写。"药工"即"扬(虞)宫",且分为东西两宫,此似乎更可坐实此地为"古虞城",亦即虞舜之牧宫不误!

鸣条岗腹地有一大村镇曰"冯村"。村以何而名?《运城县志》谓该村"为夏商时代的古老村落。"此说法虽含糊,但也透露出一个重要信息,即表明它有可能是由上古三代历史衍化而来。循此思路探求,再将该村村名放在鸣条岗上舜迹林立的大背景下观照,"冯村"首先会使人联想到"诸冯"。《孟子·

◎发现"古中国"

离娄》曰:"舜生于诸冯。"学界有一种看法即认为"诸冯"在今山东定陶县诸城市一带。而"诸城"即"诸冯城"之省称,县内除有"历山"外,尚有"冯村""冯山"等地名,皆由"诸冯"之名衍化而来。以此比照,不能排除这里的"冯村"也是"诸冯村"省称这样一种命名思路之可能。又据《安邑县志》杂记:"冯村有柏一株,远望之其形似鸡",人称"鸡儿柏",为地方一景。此说或亦与舜迹有关。如上述舜为东夷族首领,而东夷族系以"凤鸟"为图腾的部落联盟,故所谓"鸡儿柏",或即由上古东夷之凤鸟传说衍化编造而来。

综上所述,鸣条岗上之"冯村",可能是由"舜生诸冯"衍生出来的地名;"太方村"古为"虞城",传为舜晚年休养之"牧宫";而"舜帝庙"和"余(虞)林",则以舜"卒于鸣条""葬于鸣条"而名。至此,总括舜之一生,可谓生于斯,养于斯,卒于斯,葬于斯。当然这些都是传说,而传说是历史的影子。史书记载舜建都于安邑或蒲坂,可知他事业的辉煌时代是在河东,故养于此,卒于此,葬于此还是比较可信的。

那么为何仅鸣条之一段,方圆不过数十里的地方,会包括生、养、死、葬如此齐全地集中了舜之遗迹或传说呢?原来,古代人们有个习惯,无论是一个人,一个家族或一个部落、一个国家,迁徙之后往往要把原居地名带到新居地,叫作"地(名)随人迁"。如商灭夏后,夏人由河东外迁,一部迁到河套地区,仍称"夏"(西夏),一部迁到塔克拉玛干沙漠,亦称"大夏"(吐火罗),后又迁到阿姆河流域,还叫"大夏"。商代汾水流域(今乡宁、河津一带)有个以养鳄鱼为生的部落称"鄂国"，后来这个部落迁至河南沁阳一带，仍称"鄂公"，嗣后又迁至今湖北武昌一带，仍称"鄂侯"；至今湖北简称为"鄂"即由此而来。再如明初自山西大移民，一批迁至北京郊区的河东移民，仍称其新居地为"洪洞营""夏县营""河津营""绛州营""蒲州营"等等。由于这个缘故，史载"舜葬于鸣条"，后人便在舜陵附近编造出了一批与舜终生活动有关的地名。如同史称"舜都蒲坂"，在今蒲州附近亦有了舜出生之地"姚墟"（今名"舜帝村"），"舜耕历山"之"历山"，"舜陶于河滨"之"陶城村"等一批地名一般。

文章至此本当结束，然鸣条岗上还有一处地名与舜迹有关需特别提出，这就是岗之北坡的"孙余村"。关于此村名来历，《运城县地名录》称："因古时该村多数人家为孙余两姓，故名。"此说不妥。"孙"当地人读作"熏"，与"循"同音；"余"本字即是"虞"。"孙余"者，"循虞"也，当与舜迹有关，犹"扬虞"之比。那么，谁来"循虞"，又何以要"循虞"？《竹书纪年》原注称，尧之子丹朱不肖，故尧不传帝位于丹朱，而禅让于舜。舜力辞不克，乃践位。后封丹朱于方陵，丹朱死后即葬于斯。对照《竹书》"鸣条有苍梧之山，帝（舜）崩则葬焉"，《山海经》"苍梧山，舜帝葬于阳，丹朱葬于阴"的记载，联系孙余村和舜帝陵在鸣条岗上的位置来看，这里与传说中丹朱所封葬之地"方陵"颇相吻合。舜陵在鸣条（苍梧）之阳（南），孙余在鸣条（苍梧）之阴（北），两地相距约十公里。如此，则孙余或即丹朱所封葬之地。名其地为"循虞"者，谓冀其循贤而服化向善也。这同"蚩尤城"改名为"从善村"道理相同。　　（2001年）

◎发现"古中国"

有虞氏与酒的发明

在我国,酒的酿造历史十分悠久。应当说,早在茹毛饮血生食野果的时代,先民们就从植物腐败了的果实及醇化了的残余谷物中,品尝过"酒"的滋味。然而,那还不是真正意义上的"酒"。真正用粮食酿造来用作饮料的"酒",大约始于4000多年前的尧舜禹时代。

我们知道,商代甲骨文中并没有"酒"字,但已出现了"酉"字。而象形字"酉",外形像一个坛子,坛子下部有两道"二",表示盛着供人饮用的液体。专家认为,这个"酉"应即是"酒"字的初文。从"酉"字在甲骨文中的频繁出现的情形来看,有商一代是一个尚酒的社会,人们已经十分喜欢饮酒了。当然酒的发明不会从这个时期才开始起步,而应当在商代之前。

关于酒的发明者,典籍记载说法不一,人们普遍认可的是《世本》中的两种说法,即"仪狄说"和"杜康说"。这不仅因为《世本》作为先秦册府档案性质的著作,其记载具有较高的权威性,而且因为书中记载的两种酿造方法互相补充,反映了造酒工艺演进过程,更具有历史真实性。而值得注意的是,无论是"仪狄造酒"还是"杜康造酒",似乎都与有虞氏家族有着一定关系。

先说"仪狄"。《世本·作篇》说:"仪狄造酒。仪狄始作酒醪,辨五味。"关于这一说法,《战国策·魏策二》有更详细的背景介绍。书中说:"昔者,帝女令仪狄作酒而美进之禹。禹而甘之,遂疏仪狄,绝旨酒,曰:'后世必有以酒亡国者。'"意思是说,帝女下令让臣工仪狄酿造出了美酒,并将酒献给了禹。禹喝了酒认为味道很美,但从此疏远了仪狄,并下令禁止造酒。他说:"后世一定会有因贪嗜美酒而使国家灭亡的!"从这里我们得到的信息是:仪狄的造酒、进酒是受命于"帝女"的。那么"帝女"又是何人呢?有的说是"天帝"的女儿,这是神话,不可信。事实上,在尧舜禹时代,只有两个人可以称为"帝女",一是帝尧的女儿,那就是娥皇、女英,是舜的二妃;一是帝舜的女儿,宵明、烛光。她们都是与禹同时代的人。而且众所周知,尧舜禹三代帝位相继禅让,每次禅让之前都要对继承帝位的人进行一番考察、考验,故这次"仪狄进酒"明显是舜对接班人的一次考验。无论是帝尧之女娥皇、女英,或是帝舜之女宵明、烛光,又都具有参与对禹进行考察的必备资格和权力,故"帝女"为有虞氏家族成员的说法应当是可信的。值得庆幸的是大禹经受住了这场考验,他认识到嗜酒的危害,拒绝了美酒的诱惑,不仅疏远了进酒之人,下令禁止造酒,而且向后人发出英明的警示!现在再回过头来看,造酒的仪狄是位臣工,甚或是位厨师,造酒的背景之一是帝舜要考验大禹(当然还有饮食的需要),仪狄是奉了"帝女"(实际上是有虞氏家族)之命实验酿造出了既旨且醇的美酒,而且甚至还有

◎发现"古中国"

可能是依照"帝女"指导(甚或是按照其提供的方法)来酿造的。因此,造酒的最早策划者、创意者应该是有虞氏家族,而仪狄只是个具体操作者,发明权不可全部属他。

再说"杜康"。《世本·作篇》同时又有"杜康造酒""少康作秫酒,少康作箕帚"的记载。这里的杜康是谁?就是少康。古籍中少康又称"夏康",上古"杜"与"夏"字同属鱼韵,可通假,故《说文》曰:"少康,杜康也。"少康是夏代第六位国君,是夏代中兴之主。那么,少康何以会发明秫酒呢?这与他的经历不无关系。原来自禹传位于启立夏之后,启又传位于太康,太康疏忽失国,被有穷国君后羿窃权。太康传位于弟仲康,仲康传位于其子帝相。有穷氏大臣寒浞杀后羿并杀帝相,相之妃缗逃到有仍氏母家生少康。少康长大为避寒浞搜捕,再逃到有虞氏部落寻求庇护。虞君思支持少康复国,任命少康为庖正,妻以二女,并封少康于纶邑。后来,少康得到老臣靡与有鬲氏部落的支持,灭了寒浞,重主夏政,夏代于是中兴。应该说在此期间,少康任有虞氏庖正,管理庖厨事务,为他酿制秫酒创造了有利条件。之前,可能由于有大禹关于禁酒的饬诫,夏代前期对酒的酿造采取了抑制态度,故造酒业不够发达。到了少康时代,禹的饬诫渐渐为人们所淡忘,社会上饮酒之风盛行,对酒的需求也大大增加。少康生活在当年肇兴造酒的有虞氏家族之中,这里本来就有家传造酒的技艺,而他又身为主管饮食营造的官员,于是在这里有可能再次对造酒工艺进行改进,将造酒的方法进一步优化,酿出的酒比过去更加诱人。从整个历史阶段发展过程看,史称"少康造秫酒"的说法是可信的,甚或有其必然性。当然,少康造酒与有虞氏家族的关系也是不可否认的。

那么,少康造的酒与仪狄造的酒又有什么不同呢?《世本》说得十分清楚:仪狄始作"酒醪",少康"作秫酒"。"酒醪"可能是一种依靠自然发酵酿造的粮食酒;而"秫酒"应即是用人工曲蘖酿造成的粮食酒。联系《世本》还有"少康作箕帚"的记载来看,少康是在利用秫、高粱制造曲蘖酿酒的同时,还利用秫子和高粱的秸秆发明了扫帚、簸箕之类用具,实现了一物多用。这再次说明少康造酒与他在有虞氏部落任庖正、管理厨司后勤事务有着直接的关系,是有虞氏为他提供了酿造秫酒的条件与环境。当然,所谓"少康造酒"亦并非是他亲临作坊操作实验,而是在他指令或指导下,由工匠们去做成了这一壮举,功劳不能完全归于他的名下。相反地可能由于这一创造,导致后来在他重主夏政之后,社会上酗酒之风愈演愈烈,朝廷内部从天子到大臣几乎都嗜酒如命,以至于到了夏桀时代发展到建酒池,"三千人牛饮",湎酒淫乐,国政废弛,最终以酒亡国,使得大禹的预言不幸而应验。这一点上他倒是要负一定责任的!

晋人江统《酒诰》曰:"酒之所兴,肇自上皇。或云仪狄,一曰杜康。"这里所说的"上皇"为何人?应该就是有虞氏家族的代表人物舜帝。如上所述,在酒的酿造史上最关键的两个阶段,先作"酒醪",后作"秫酒",都是有虞氏家族支持做起来的。据此可否推测,上古时期有虞氏极可能最早掌握了造酒方法,家族成员一直有饮酒的传统,同时他们对酒的正副两

◎发现"古中国"

方面的作用也有清醒认识。只是出于经国济世大业的需要,两次指导他人造酒成功,从而将酒的发明权转让给了仪狄和少康,而将自己酒的真正发明者的身份掩盖起来。

(2008年6月)

巨灵神的传说

《水经注》"河水"篇载有这样一个美妙的传说:在远古时代,"华岳本一山当河,河水过而曲行。河神巨灵,手荡脚踏,开而为两。今掌足之迹仍存华岩。"这就是说,华山与黄河北岸的中条山本是连在一起的。河水流经这里,一直绕行而过。河神巨灵脚踏中条,手托华山,分开两山,让黄河从中流过,归入东海。更奇怪的是,巨灵的掌迹至今还留在华山东峰的岩壁上,被称为"华岳仙掌"。

前两年游华山时,看到了这号称"关中八景"之一的奇迹,突发联想:巨灵劈山既然"手荡脚踏,开而为两",传说更加具体化,谓用左手托起了华山,右脚蹬开了中条山,那么与这边"仙掌"相对称,在河那边的中条山上一定还有一个"仙足"的遗迹。后来翻检古籍,果然找到了答案。晋人干宝《搜神记》就说:"二华之山,本一山也。当河,河水过之而曲行。河神巨灵,一手劈开其上,以足蹈离其下,中分为两,以利河流。今观手迹于华岳上,指掌之形俱在;脚迹在首阳山下,至今犹存。"地方志书则记载更为具体,《山西通志》古迹考称,巨灵足迹在首阳山下,今永乐大王村。而《芮城县志》则记载曰:

◎ 发现"古中国"

"太古洪荒之时,中条山与秦岭原为一体,黄河至此受阻,泛滥成灾,人们无家可归。为除水患,天帝遣巨灵神下凡,足蹬中条,手推华山,竭尽全力,轰然一声,震天裂地,两山间裂开一条几十里的峡谷,河水顺谷流入大海。至今华山东峰上留有巨灵神的掌印,被称为'仙掌峰',本县阳贤村后留有巨灵神的足印。"阳贤村在今风陵渡镇,与举世闻名的古人类遗址匼河相毗邻。看来,这位巨灵神果真与河东是大有关系了。

其实何止如此。继续翻检古籍进而可发现,这位巨灵神原本就是在河东土生土长的一位尊神。据《路史·前纪三》的说法:"巨灵氏出于汾睢。"《元丰九域志》则说:"巨灵祠在河中府。""汾睢"在荥河县,河中府是蒲州城。看来巨灵出生在河东,做事亦在河东。它是河神,亦是造物主。《遁甲开山图》说:"巨灵与元气齐生,为九元真母",又说"有巨灵胡者,偏得坤元之道,能造山川,出江河"。《路史》"循蜚纪":"巨灵氏之在天下也,握大象,持化权,乘太极而蹴灏淑,立乎其间,行乎无穷,揣丸变化,而与物相弊煞。"总之,他是一位可以开山造河、神通广大的尊神。历史知识告诉我们,远古时代黄河是横流入海的,后经疏导才变成今天这个样子。自共工、女娲、大禹父子始,历史上出现过不少知名的和不知名的治水英雄。所谓巨灵神也正是古代人们崇敬的治水英雄的化身。神话传说虽属荒诞,所谓"足迹"、"掌迹"亦非事实,但却多少反映了古代先民们征服大自然的豪迈理想。从这一点上讲,"巨灵"的精神是值得我们讴歌和敬仰的!

(1997年)

识读运城·古中国

烁誉古今首山铜

河东俗称中条山是"金头铜腰铁尾巴"。说它是"金头""铁尾"恐未必,说它铜矿丰腴则确凿无疑。当地传说"打开牛家(颓)院,能富九州十八县",也是指中条山富铜而言的。

中条山亦称"首山"或"首阳山"。上古有所谓"黄帝采首山之铜以铸九鼎"的传说,指的就是这里。据说当时铜矿石取自首山,铸鼎的冶炼工场则设在大河彼岸的阌乡,由于黄帝在那里铸鼎,故当地被称为"鼎湖"。这可能是有关中条山铜矿的最早记载,也是关于我国采矿冶金的最早记载。

夏、商两代,铜器文化成为新兴产业,因而关于采铜、冶铜、使用铜器的记载屡屡见诸史籍。《墨子·耕注》曰:"昔日夏后开(启)使蜚廉折金(铜)于山川,而陶铸于昆吾。"《左传·宣公三年》亦曰:"昔夏方之为有德也,远方图物,贡金九枚,铸鼎象物。"《越绝书》十一亦记之:"禹穴之时,以铜为兵,以凿伊阙,通龙门,决江导河,东注于海。"这说明,在夏代建立初期,先民们已开始采矿冶铜,铸造兵器和工具,用于战争、生产和治水事业。禹都安邑,河东史称"夏墟",故夏人采铜冶铜,首先要用河东首山之铜。关于这一点,当地亦有传说。《山西通

◎发现"古中国"

志》山川考引《夏县志》曰:"温泉山,县东百里,一名牛首山。陶弘景《古今刀剑录》:'夏孔甲八年九月,采牛首之铁(铜)以铸剑。'即温泉山,上有矿铜。"

值得重视的是,这些文字记载得到了考古发掘的证实。1995年,考古工作者从夏文化遗址——襄汾陶寺文化遗址的一座墓葬中,发现了我国迄今最早的一件复合范铸造成型的铜器,含铜量达98%。它表明在陶寺文化中晚期,即夏朝初期,我国已开始进入铜器文化时代。陶寺位于条山北麓,此中亦有条山之铜当是不言而喻的。20世纪30年代,考古工作者从河南安阳殷墟中出土了大批铜、锡合金的青铜器,其中有最著名的享誉世界的中华国宝后母戊鼎,等等。而据专家考证,铸造这些铜器所用的铜,主要采自山西的中条山和河南的济源、辉县等地。可知在殷商这一青铜文化鼎盛时代,条山之铜占有何等重要的地位!

春秋战国时期河东属晋。后来魏赵韩三家分晋,河东又分属于三国。考古文献表明,今天的翼城、曲沃、垣曲、平陆等当时都是铜的重要产地。考古工作者从晋国、虢国遗址中(今三门峡市)都发掘出了大量的铜器,而铸器之铜大多出自条山。1960年,中国科学院考古研究所的专家还在侯马晋国古城南郊,发现一处从春秋中期沿用到战国时代的铸造铜器的工场遗址。在此先后,各地还发现了大量的有晋、魏、赵、韩诸国地名的铜币,如"安邑一釿"、"安邑二釿"、"阴晋"、"亘"(垣曲)、"莆反"(蒲坂)、"历"(历山)、"陕"等,其产地都在条山附近。其中对"历"字币,有专家释为"禹铸币于历山""夏币也"。

此说容或未妥,然而此币确系中条山两麓铜铸币,则为学者共识。

秦汉以后,铜币成为财富的象征,采矿冶铜更成为重要产业。至东汉末年采铜热达到了高峰,河东中条山采铜业又有了发展。1958年,考古人员曾在中条山洞沟发现东汉采铜遗址。其摩崖石刻有"光和二年"(公元179年),"甲子"(中平元年,即公元184年),"中平二年"(公元185年)等年号。同时,在当地还发现矿洞七孔,以及铁锤、铁钎、铜锭及汉瓦残片等遗物。在距此800米山峰下,还发现一处炼铜炉遗址。联系汉代铜器每有"河东安邑造"等铭文,可知东汉时期这里仍是全国重要产铜基地之一。

隋唐以下,"条山之铜"史籍亦屡有记载。如《唐志》:"解有铜穴十二。安邑有银。曲沃有铜。翼城有铜。平陆有琴瑟穴、银穴三十四,铜穴四十八,在覆釜、三锥、五冈、分云诸山。"又《食货志》:"天下铜炉九十九,绛州三十。"注曰:"稷山、垣曲并有坊。"《明一统志》:"窑铜,出代州及垣曲北山。"旧《山西通志》谓:"曲沃紫金山旧产铜,金为铜母,故以为名。解州车辋谷有银沙洞,今禁不采。垣曲折腰山中低旁高,旧出铜矿,凿久摧折,故名。"

1949年中华人民共和国成立以后,国家组建了中条山有色金属公司,开发了垣曲铜矿,为社会主义经济建设做出了重大贡献。条山之铜矿石不仅含铜量高,且有多种稀有元素。据悉,日、英等国在外贸中都曾多次提出要购买中条山铜矿的矿渣,可知其声誉远播、价值之高了。　　　　　(1997年)

◎发现"古中国"

"安邑"何以称"安邑"

"安邑"可算是中国最古老的地名之一了,从夏禹时代起沿用迄今,少说也有4000多年的历史。安邑为何叫"安邑"?史籍记载有着两种截然相反的说法。

一种可称作"安民说"。谓"洪水既平,民始安居,因以为名,纪禹之功,实乃奠定山河之嘉称也"(《安邑县志·沿革考》)。意思是说,远古洪荒,民苦水患,大禹疏导功成,洪水消退,百姓期望从此安居乐业。都邑取名为"安",表达了先民们热爱安定生活的良好愿望。这种说法以民为重,与圣人风教攸同,有一定道理,历来多为学人所采用。

另一种不妨称作"安君说",清季安邑县人郭带淮为此说代表人物。郭在所著《禹都安邑考》一文中,开宗明义提出"邑以安名,志安君也"。接着又问:"谁邑之?禹邑之也。禹为谁邑之?为安舜而邑之也。禹何为安乎舜?舜始封虞,暮思旧邑,禹乃营鸣条牧宫以安之。"照郭带淮的说法,原来所谓"安邑"是大禹为安置舜晚年生活而营造的鸣条牧宫。邑以"安"名,志"安舜"也。"逮舜禅禹,禹即建都于此。"这就是史称"禹都安邑"的由来。

两相比较,"安君说"似乎更近乎史实。

上古文字资料匮乏,《竹书纪年》称舜"四十九年,居于鸣条。五十年,帝陟(死)。"今运城市鸣条冈西端尚有舜帝陵,看来,舜晚年很可能居于安邑,卒于安邑,葬于安邑的。难怪《晋书·地理志》《太康地道记》都说舜"旧都安邑及鸣条也"。《帝王世纪》《通典》也说"安邑为尧舜旧都,后为禹都"。看来,"安君说"当不是虚语。

当然,"禹都安邑"在夏县禹王城。那么今天运城的"安邑"又从何而来呢?原来禹王城在战国时曾为魏都,秦时为河东郡治,汉置安邑县。因安邑旧封甚大,到北魏太和十一年(公元487年)析为南、北两个安邑县,北安邑由禹王城迁至今夏县城址;南安邑则以"安邑县"之名一直沿用下来,直至合并为运城县为止。安邑在历史上曾两度改名虞州,一在隋大业十九年,一在唐肃宗时。前次更名改"郡"为"州",意在简洁,后次更名则另有背景。当时刚刚经历了安史之乱,肃宗李亨对安禄山恨之入骨,下令将所有带"安"字的郡县名一律改掉,这次全国共改了35处地名,安定改成了保定,安化改成了顺化,安邑县也在劫难逃,再次改名为"虞州"。州以"虞"名,无疑也与虞舜晚年居于斯、卒于斯、葬于斯有关,不过这已是后话了。

(1991年)

◎发现"古中国"

"解州"之"解"应保留hài(亥)的读音

"解州""解县""解池"的"解",运诚人读作hài(亥)音,而各种辞书则注音为xiè(谢)。例如《现代汉语词典》:"解xiè① 解池,湖名,在山西。②姓。"《现代汉语规范词典》:"解,xiè,水名、地名用字。如解池,湖名;解州,地名。均在山西。"《辞海》"解池""解县"条亦均注音为xiè,等等。由于方音与辞书标音发生龃龉,使这个地名字的使用出现了一定的混乱。

一、地名"解"读"hài(亥)"音的由来

地名"解"为什么读"hài(亥)"音?回答这个问题,首先要弄清地名"解"是怎么来的。

我们知道,"解"是一个十分古老的地名。《广韵》:"解,亦姓。唐叔虞(之子)食采于解,今解县也。"唐叔虞为周武王之子,这说明在西周初年甚或更早的夏商时代,河东就有了"解"这个地名。而关于地名"解"的起源,清乾隆版《解州志》有三种说法。一说上古黄帝与蚩尤大战,擒获蚩尤于阪泉(在今中条山下),将其肢解,故当地称为"解"。一说舜抚五弦琴,歌《南风》诗于此,诗中有"解吾民之愠"句,故当地称为"解"。

一说上古三门未凿,河东到处是水天泽国,当地号为"勃澥","解"与"澥"通。三种说法中,编者采信"勃澥说"。而"解"与"澥",《广韵》同注为上声蟹韵"胡买切"。所谓"胡买切",即是用"胡"字的声母h与"买"字的韵母ǎi相拼,读作hǎi(海)音。隋唐以后,浊音上声字变为去声,"解hǎi(海)"字便读作了去声的"解hài(亥)"。此外,《广韵》去声卦韵亦收有"解"字,注曰:"县名,在蒲州。"音为"胡懈切",亦读hài(亥)音。不过这里已直接读作去声了。这就是"解州""解县""解池"读作hài(亥)音的由来。

二、辞书注音的依据是《普通话异读词审音表》

那么,各种辞书注音的依据又是什么呢?是国家公布的《普通话异读词审音表》。

从20世纪50年代开始,为在全国推广普通话,规范汉语的读音,国家组织有关专家成立了普通话审音委员会,对汉语普通话异读词的读音进行了审订和规范,先后三次公布了《普通话异读词审音表初稿》。1963年1月又综合公布了《普通话异读词三次审音总表初稿》(见《中国语文》1963年第一期)。表中对地名字的异读也作了规范。1977年后审音工作恢复,对《初稿》进行修订,1985年由国家语言文字工作委员会、国家教育委员会、广播电视部联合发布《普通话异读词审音表》,作为部颁标准,通令执行。这个表所审订的音,就成为规范普通话异读词读音的学术依据,也是今天各种辞书注音的依据。在1957年第一次公布的《审音表初稿》和1963年综

◎发现"古中国"

合公布的《普通话异读词三次审音总表初稿》中,都涉及地名"解"字的订音。由于1954年解县和虞乡县合并成为"解虞县",《初稿》中列有"解虞"条,说:"解虞(山西,旧县名)①xiè yú,ㄒㄧㄝˋㄩˊ。"应当说,这就是各种辞书将地名字"解"注为xiè音的依据。1985年国家三部委正式公布《审音表》,其中"解"字xiè音下面没有再列地名"解虞"的例子(解虞县1958年撤销),但各种辞书仍然依照《初稿》的意见将地名"解州""解县""解池"的"解"字注音为xiè(谢)。

三、订"解"为xiè(谢)音违背了"名从主人"的原则

那《审音表》为"解"字定音的依据又是什么呢?正好《总表初稿》"地名"部分前面的"说明",讲到了这个问题。

"说明"阐述地名字审音原则时,在第三条举了"解虞"的例子。原文是:"㈢凡地名某字在历史上有某种特殊念法而现在本地音和它相合的,一概'名从主人',不加改动。例如:'栎阳'念yuè yáng,不念lì yáng;'解虞'念xiè yú,不念jiè yú。"看到这里,外地人可能没有什么感觉,运城人却不能不感到意外:不是说"名从主人"吗?运城本地人什么时候把"解州""解县"的"解"念作xiè(谢)音了呢?没有啊!这里后边的例子和前边的原则不是自相矛盾了吗?这个疑虑是不无道理的。

我们知道,"解"字是一个多音字,古音属见、晓母二等字,读洪音,有gǎi(改)、gài(盖)、hài(亥)三个读音。后来,北京话见、晓母二等字由洪音变读为细音,gǎi(改)读作jiě

(姐)，gài(盖)读作jiè(借)，hài(亥)读作xiè(谢)，而运城方言却依然保留着洪音读法。当地地名字"解"，由于它的内涵已远远超出一般的"字"或"词"的范畴，读音本身具有保守性、凝固性、传承性，故至今未曾改变。既不读作jiě(姐)，也不读作jiè(借)，还不读作xiè(谢)，仍然读作hài(亥)音。因此，对照上面的审音原则，我们可以说，第一，"解"字在历史上确曾有过"hài(亥)"这个读音；第二，"解"字现在在当地人口语中依然读作"hài(亥)"音。根据"名从主人"的原则，"解州"的"解"字应当定为"hài(亥)"音。或者说，不管在历史上"解"字有过多少种"特殊念法"，作为地名字"现在本地音和它相合的"，只有一个hài(亥)音，"名从主人"，"解州"的"解"字只能定为"hài(亥)"音，而不能定作"xiè(谢)"或其他什么音。《审音表》把这个比较特殊的问题作了简单化处理，一律取消了"解"字的洪音读法，从而在事实上违背了"名从主人"的原则。

四、订音不当造成使用中的混乱

几十年来，由于"解"字定音不当，对使用这个地名造成不少混乱。首先，当地人拒绝"解xiè"这个音读。在山西全省乃至陕、豫各地，至今50年过去了，人们仍然称"解州"为"hài(亥)州"。20世纪六七十年代，火车上列车员播报"解县站"为"xiè(谢)县站"，遭到人们的反对；从80年代后，又改播为"hài(亥)县站"。外地客人来运城说要去"xiè(谢)州"，当地人会不知所云；在弄清对方说的是"解州"时，多半会客气地纠正:"是hài(亥)州"! 外地客人如果自称姓"解xiè",不见名片,百分之八十的运城人会误认为他是姓"谢",而很少会想到是姓"解"。一些出生在解州的人起名"解生",因"解"定音为xiè,为避免误读误写,遂索性改名为"海生"。《运城日报》资深编辑、关公文化研究专家孟海生先生,改名即缘于这种情况。由于"解"与"谢"同音发生混乱的情况在外地也有。据著名语言学家张清常先生《胡同与其它》一书载,北京有一"解家胡同",系从山西迁来的解姓人家的居所。由于"解"与"谢"同音,人们将其写成了"谢家胡同","解家胡同"则因此消失了。看来对地名字"解"的读音如何确定,对社会生活和人们的交往确实有着重要的影响。

五、应当恢复地名字"解"hài(亥)的读音

"解"不仅是一个古老的地名,而且是一个内涵丰富的历史文化符号。黄帝、蚩尤、风后、舜帝、南风歌、鹽池、型盐、解姓、裴氏、猗顿、李冰、关羽、柳宗元、包公、关汉卿、锣鼓杂戏、元杂剧、晋商、南风集团……许多重要历史人物,许多重大历史事件,许多重头的精神文化产品,都与"解"这个地名字息息相关。她几乎与华夏人文始祖相共生,她记录了中华民族历史的变迁,她见证了华夏5000年文明的演进,她是记载中华古老文明的化石,是先人留给我们的一份珍贵的文化遗产。而"解"字的读音,正是其中重要的不可分割的组成部分。

2004年,国家启动了"中国地名文化遗产保护工程",明确提出地名作为中华民族的宝贵财富,要认真加以保护,不容随意变更。当年十月,国家民政部地名研究所专家一行三人来运城专程考察"解州"的读音,笔者应邀与专家进行了交流。随后,省、市民政部门还准备向国务院写专题报告,要求在辞书中恢复和保留地名字"解hài(亥)"的读音,以完整保存"解州""解县""解池"以及"解梁"这些古老的地名。希望各级地名管理部门,能本着尊重历史的精神,真正把这个问题重视起来,认真解决好,以保护好这份珍贵的地名文化遗产,同时也避免使用中造成的混乱,方便人们的生活。

(2007年9月)

◎发现"古中国"

"殷灭皮氏"考

河津古称"皮氏",春秋战国属晋为"皮氏邑",秦汉立为"皮氏县"。其实,这些名称还只是沿袭了上古的说法,早在夏商之前这里就有了"皮氏"之称。"皮氏"既是古帝氏之名,亦为古部落之名。

关于上古"皮氏"的情况,现存的资料很少,先秦典籍中仅有两处提及。一处见于《竹书纪年》,曰:"(夏)帝不降三十五年,殷灭皮氏。"一处见于《逸周书·史记解》,曰:"信不行,义不立,则哲士凌君政。禁而生乱,皮氏以亡。"两处文字记载的都是有关皮氏亡国的情况,一则记载了亡国的时间,一则记载了亡国的原因。据此可知夏代邦国林立(史称"夏有万国"),当时汾水流域有一个叫作"皮氏"的国家。由于国君不行信义,一些贤能之士要代而行政。国君实行镇压,发生动乱。到了夏帝不降三十五年时,地处今河南安阳一带的殷国乘虚而入,出兵攻灭了皮氏。这就是到目前为止我们所知道的有文字记载的关于"皮氏"的情况。至于"皮氏"当时究竟是一个什么样的国家,史籍中再无其他资料,我们仅能从《逸周书》《竹书纪年》的有关记载中推知一二。

《逸周书》成书于战国时代,保存有大量的古史资料,全书共有七十一篇,其中第六十一篇《史记解》记载的是周穆王二十四年"王命左史戎夫作《记》"的事情。文章开头说:"维正月,王在成周。昧爽,召三公左史戎夫曰:'今夕朕寤,遂事惊予。'乃取遂事之要戒,俾戎夫主之,朔望以闻。"遂事,按前人注释为"事虽未成,而势不能已者"。这段话意思是说,一天清晨,周穆王想起了古代一些帝氏治国成败的教训,便召来史官戎夫,让他记录下来,随时讲给自己听,以便有所鉴戒。以下穆王评述了上古二十八位帝氏政治上的得失及亡国的教训,前面引述的关于"皮氏"亡国的一段话就出自这里。这些帝氏依次为皮氏、华氏、夏后氏、殷商氏、有虞氏、平林、质沙、三苗、扈氏、义渠、平州、林氏、曲集、有巢氏、郐君、共工、上衡氏、南氏、果氏、毕程氏、阳氏、谷平、阪泉氏、县宗、玄都、西夏、绩阳、有洛氏。其中的夏后氏即夏桀,殷商氏即商纣,有虞氏即舜子商均之后,共工氏即"怒而触不周之山"的康回,阪泉氏即与黄帝大战于中冀的蚩尤,扈氏即阻止夏后氏东进中原而被消灭的有扈氏,西夏即位于鄂(今乡宁县)那个"性仁非兵"灭于唐氏的大夏。这些都是为后人所熟知的重要历史人物、部族和事件,而"皮氏"不仅与这些帝氏并列,且赫然列于二十八位帝氏之首。由此可见,当年的"皮氏"绝不是一般的国家,很可能是一比较强大很有影响的国家,由于它曾经有过辉煌的时代,它的覆灭在夏代是引起过很大震动的。故《竹书纪年》记有这件大事,穆王评价各国帝氏时也将其列为首位。遗憾的是,这一段重要的历史没有留下更多的详细的

◎发现"古中国"

资料，我们今天还只能在此基础上作一些简单的推想。

"皮氏"地处汾河下游，为古冀州腹地。在上古时期，这里畜牧养殖业十分发达。据《左传》及有关古史记载，它的东边舜时有董父豢龙之泽（在今闻喜县）；南边夏代有"猗氏"（古猗国），即以擤犬为职业的部落；北边有商代的鄂侯国（在今乡宁县），即是以饲养鳄鱼为职业的部落；再北边有屈国（今吉县）商周两代均盛产良马，史称"屈产之乘"。甚或今天与之紧相毗邻的绛州（夏代当属皮氏）皮毛制革传统产业长期盛甲一方，亦依稀可窥见上古这一带畜产品加工业的繁盛。如同古代首先发明在树上筑巢居住，改善了先民穴居野处条件的人被称作"有巢氏"，首先发明钻木取火，改变了先民生食冻馁条件的人被称作"燧人氏"，首先遍尝百草，带领先民们种植五谷的人被称作"神农氏"一样，"皮氏"很可能是远古时期中华大地上最早从事畜产品加工，发明了鞣皮制革工艺，解决了人们御寒、奉礼需要的一位古帝氏。他与燧人氏、神农氏、有巢氏等一样，同是创造了先民生存的必要条件的华夏民族的开创者。其首领作为帝氏被誉为"皮氏"，其所居部落"以事名氏"也荣膺"皮氏"这个光荣称号，沿袭了千百年，至夏代依然作为一个部落邦国而存在，承担着夏王朝所委派的任务，仍以畜产加工、皮革制造为职业。

皮氏于夏代中叶灭于殷。而灭皮氏的"殷侯"又是谁呢？这一点史籍中也没有明确记载。从《竹书纪年》看，这位殷侯很可能是先商始祖契的八代孙叫作"微"的，亦即是甲骨卜辞称为"上甲"的那位商王。因为在殷灭皮氏之前，夏帝泄在位时,殷侯上甲微曾灭了今河北中部易水流域一个叫作"有易氏"的国家。《纪年》曰:"十二年。殷侯子亥宾于有易,有易杀而放之。""十六年,殷侯微以河伯之师伐有易,杀其君绵臣。"说的是上甲微的父亲王亥,赶着牛羊群到有易氏部落去放牧,被那里的人杀死,上甲微继位后借助河伯的军队灭了有易氏,杀死了其国君绵臣,报了国仇家恨。为了这个缘故,后来商王武丁还特意提出追加祭祀这位先祖。《国语·鲁语》中评论这件事说:"上甲微能帅契者也,商人报焉。"意思是说,上甲微能继承拓展其始祖契的事业,故高宗武丁要提出对他追加祭祀。不过,这已是后话了。殷灭有易氏发生在帝泄十六年,帝泄在位共廿五年,后传位于帝不降,不降三十五年"殷灭皮氏"。故从"殷灭有易"到"殷灭皮氏"期间相距四十四年。而上甲微活了七十多岁,此时尚未传位于其子报乙。故灭皮氏者,即是这位殷商先公。据最新完成的夏商周断代工程研究核定的年表推算,夏代始自公元前2010年,终于公元前1600年,"帝不降三十五年"应在公元前1750—1800年之间。因此,皮氏亡国距今约有将近3800年的历史了。

那么,灭皮氏的为什么不是执政的夏后氏或其他什么部落,而是殷侯呢?可能有这样几个方面的原因。其一,两国之间可能有过经济交流。如前所述,"皮氏"是一个畜牧业和畜产品加工较发达的国家。而殷商部落呢?据《世本·作篇》"相土作乘马""亥作服牛"的记载看,是殷商先公相土首先发明了以马作车乘,王亥发明了用牛驾车,并且王亥还赶着牛羊群到北边很远的有易氏部落去放牧,可见当时殷侯国畜牧业

◎ 发现"古中国"

也是相当发达的。这样以善贾闻名的商人就可能与皮氏有过贸易往来，其间也可能发生过一些利害之争。这就形成了殷灭皮氏的主观原因。其二，殷侯一直在夏朝为官，为夏在东方的一个方伯。此时由于它们发明乘马、服牛，有远距离运输作战的能力，因而极可能被夏王朝授予过"征伐四方"的权力，可以打着替中央王朝整肃政纪的旗号来征伐其他诸侯方国。因此，当皮氏发生内乱时，他便乘机出兵名正言顺地灭了皮氏，既报了私怨又扩大了地盘和影响。这同后来夏朝末年汤伐有洛氏，征葛伯国，灭韦、顾、昆吾诸部落颇有相似之处。这一点可称之为殷商实力地位的原因。其三，两国相距不远。殷商原本在河南安阳一带，但从其先祖相土开始，不断向四方拓殖疆土，势力先后到达东海及朝鲜。而殷侯微即是由于打败了祝融八姓的芈姓一支的"微国"，占有其地而名之为"微"的。"微国"在今长治潞城一带，可见彼时殷侯国已据有太行山以西的一些地盘，距皮氏不算十分遥远。加上它有马牛作车乘，故对皮氏贸易、作战都是十分方便的。这又形成了殷灭皮氏的又一客观条件。

"皮氏"被殷侯践灭后，即成为殷国的属地。后来的耿国，很可能就是此时由殷人建立起来的国家。据《世本》《路史·后纪》等记载，上古东夷族少昊氏有一支嬴姓后裔，夏商时代建立了不少国家。其中在今山东一带有郯国、曹国、奄国、谭国、有鬲、蒲姑，在江苏一带有徐国、萧国，在陕西有秦国、梁国，在山西境内则有裴国、赵国，还有一个即是耿国。《史记·秦本纪》索隐："《都城记》云耿，嬴姓国也。"由于殷商与耿国同为

131

东夷族之后裔,故后来的商王中宗祖乙由相迁都于耿。虽然两年后耿圮于河患,祖乙再次迁都于庇,然而它至少说明了崇神敬祖的殷商族人没有忘记这里曾是他们先祖建立的一个属国。

(2001年)

◎发现"古中国"

"祖乙迁耿"申说

商王祖乙曾迁都于耿。《尚书·序》曰:"祖乙圮于耿。"《竹书纪年》说得更明白:"祖乙名滕,元年己巳,自相迁于耿。二年,圮于耿,迁于庇。十九年,陟。"而《史记·殷本纪》则曰:"祖乙迁于邢。"其实两种说法并不矛盾。因为"邢"即是"耿"。古音之"j、q、x"三声系由上古之"g、k、h"三声析出,故"耿"与"邢"同音不为奇也。而且《史记》所谓"祖乙迁于邢",有的版本亦作"祖乙迁于耿"。《索隐》:"邢,音耿。近代。本亦作'耿'。今河东皮氏县有耿乡。"请注意这里"本亦作耿"四个字是说《史记》其他版本在这里写的是"祖乙迁于耿"而不是"祖乙迁于邢"。《太平御览》卷八十三引《史记》原文正是"祖乙迁耿"。《集韵》三十九耿部有"邢"字,云:"地名,通耿。"《路史·国名纪》亦说"耿"即"邢"。这说明,"祖乙迁耿"一作"祖乙迁邢",二者实为一地,即今之河津耿乡。

近人有否定"迁耿"之说者,其理由多不能成立。其一,如王国维先生《观堂集林·说耿》谓:"河东之地,自古未闻河患,耿乡距河稍远,亦未至遽圮也。"此为不了解耿乡地理状貌而言之。其实,耿乡在今汾河南岸,西距黄河亦不远,历史上曾

133

多次毁圮于河汾,这恰恰证明《尚书》所载"圮于耿",两年后"迁于庇"是符合实际的。王先生生于浙江,终生未到过河东,这样说实在是武断了一点儿。其二,如顾颉刚先生《盘庚前五迁及盘庚迁殷》认为"今山西境内特别是晋南地域,都是与商王朝为敌或时服时叛的诸侯国。所以祖乙根本不可能迁都到耿去。"这种说法似乎也有片面性。正如先生在同一篇文章中所指出的那样,古之迁都往往有政治上的国防上的原因:"周文王迁都于丰,是为了便于向东发展,进攻商王朝。拓跋珪徙都平城,拓跋宏徙都洛阳,都是为了发展北魏的国势,镇抚疆土。金自上京(辽宁开原)迁都中都(北京)是为了夺取中原。金主亮迁都开封,更是为了进攻南宋。"既然如此,祖乙作为一代中兴之主,出于政治、军事或国防的需要,为了对付山西境内的诸侯方国,何以不能迁都于耿乡呢?

窃以为"祖乙迁耿"当为信史。除了《尚书》《竹书纪年》所载为据外,还拟从以下两个方面作进一步申述。

第一,耿国为东夷族少昊氏之后裔,属嬴姓国,原居山东,后迁至山西。据《世本》和《路史·后记》载:东夷族分为帝喾、太昊、少昊三支裔族。少昊氏之裔有已姓、嬴姓、偃姓等。嬴姓国分布在山东的有郯、曹、奄、谭、有鬲、蒲姑诸国,分布在江苏有徐国、萧国。还有秦国、梁国迁于今陕西,赵国、裴国、耿国迁于今山西境内。这对崇奉祖先的商人来说,无疑是十分重要的可利用因素。因为商人原本是帝喾的后裔,与耿国同属东夷族,有着同一远祖。而如前所述,祖乙作为一代英主为对付西方各敌对诸侯方国,不可能采取躲避的办法,而

◎发现"古中国"

极可能迁都于耿,联络同族先祖少昊氏后裔建立的国家裴国、赵国,还有陕西境内的秦国、梁国来结成联盟,以巩固和扩大自己的领域和势力。这同后来历史上许多有作为的君主为巩固国防开拓疆域而迁都的做法一样,没有什么不可能的。

第二,商人崇奉祖先,注重生殖繁衍。耿地有高禖庙,奉有商始祖简狄。而高禖庙唯国都才有,此亦是商人曾迁都于耿之一力证。不唯如此,当耿圮于河患后,祖乙再次迁都于庇。而"庇"在今河南汲县商都朝歌南郊。据何光岳先生考证"庇"字本义系女性生殖崇拜祭祀的神庙。"庇被商人视为最重要的神庙,故而有成为都城的必然性。"我们如果将"耿"地与"庇"地放在商文化十分注重生殖繁衍这个大背景下加以对照,祖乙由相迁耿,曾于都城南郊建高禖庙祭祀先祖妣,后在耿圮于河患后,又迁都于有祭祀女阴神庙的"庇"地,就十分顺理成章了。而这一点恰恰与《竹书》所载合若符契,不容置疑。

当然,王国维、顾颉刚诸先生都是一代宗师,其立论自经深思熟虑。然智者千虑,或有不周。故不揣简陋提出浅见,以供讨论。

(2001年)

解"豫"说"秦"

晋豫秦黄河金三角经济协作区的建立，有利于促进山西、河南、陕西三省四市的经济社会发展。三省之简称，山西称"晋"，是由于先秦时期当地属于晋国，已为读者所熟知。那么，河南称"豫"，陕西称"秦"又是怎么来的呢？本文试就此作一解说。先说"豫"。

"豫"作为地名始见于《禹贡》。《禹贡》是《尚书》中的一篇，成书于战国时期，是我国最早的地理书。书中假托大禹治水后的政区制度，把当时的中国划分为冀、兖、青、徐、扬、荆、豫、梁、雍九州(中国古称"九州"即源于此)。其中黄河以南地区被称作"豫州"。这就是"豫"作为地名字最早的记载。汉代在河南南部正式设置了豫州，以后建制虽屡有兴废，或称河南道、郡、府、路不一，但中原这一大片土地一直被人们简称为"豫"。明代以后正式设立河南省，"豫"便成为河南省的代称。

那么，"豫"是什么意思，上古时代为何将中原大地称为"豫州"呢？这需要从"豫"字的本义说起。《说文》曰："豫，象之大者。从象，予声。"由此可知，"豫"字的本义是大象。古代河

◎发现"古中国"

南一带之所以被称为"豫",可能是由于当地盛产大象的缘故。考古研究发现的事实正是如此。据我国著名科学家竺可桢先生研究,早在四五千年以前,黄河流域是亚热带气候,天气炎热,雨量沛丰,到处是水天泽国。中原大地不仅有大量的热带植物,而且生活着犀牛、河马、鳄鱼以及大象等热带动物。考古发掘出来的动物化石证明了这一点。大象形体巨大但性情温和,常常被人们驯化用来驮运东西或耕田,成为人类的好朋友。由于当时河南生活有很多的大象,"豫"(大象)便成为当地的代称。今天,进入河南省历史博物馆大门,迎面看到的就是一个古人手牵一头大象的巨型雕塑。河南省内一家专门出版文化历史读物的出版社,也命名为"大象出版社"。"豫"(大象)已成为河南省的一个图腾式的标志。再说"秦"。

陕西称"秦",源于这里是战国七雄之一的秦国所在地。"秦"字从字形结构来看,上半部是春字头,下半部是个禾字;甲骨文还有一种写法,是下部两个禾字并列。它表明"秦"是"禾谷丛集"的意思。作为地名,《说文》的解释是:"伯益之后所封国。地宜禾。""秦"的本义是"适宜禾谷生长的地方"。西周初年尚农思想兴起,出现过以禾类为地域、邦国命名的风习。例如齐国的"齐"字,《说文》的解释就是"禾麦吐穗上平也,象形",说明齐国是盛产禾麦的地方。"周原"的"周",有学者解释为"田野种禾之形",说明当地农作物种植十分发达,等等。同样道理,将一个地方起名为"秦",就是说这里是适宜种植禾谷的地方。

识读运城·古中国

需要说明的是,最早称"秦"的地方并不在关中,而在甘肃天水一带,后来的秦国是一步步向东拓展才进入陕西的。西周初年,周孝王封尧舜时代的大臣伯益的裔孙非子于秦谷,让其养马。这个秦谷位于今天的甘肃省张家川东南。秦部落与犬戎为邻,经常遭到犬戎的袭扰。周宣王即位后,封秦部落首领秦仲为大夫。公元前822年,秦仲被犬戎杀死。后其子秦庄公将犬戎打败。公元前770年,秦襄公(庄公之子)再次打败犬戎,因护送周平王东迁有功,被封为诸侯,秦正式立国。公元前765年秦文公继位,彻底将犬戎击退,占有了岐山以西的地盘,不久建都于雍(今陕西凤翔县东南)。经过200多年的经营拓展,秦国日渐强大,逐渐领有今陕西大部分疆土。公元前361年,秦孝公任用商鞅变法,并迁都于咸阳,使秦国成为战国七雄中最强大者,并最终灭掉六国,统一天下。此后人们便用"秦"指称关中或陕西,亦称陕西全省为"三秦",一直沿袭到今天。

豫、秦两省与河东的晋仅一河之隔,三家在历史上友好交往史籍多有记载。继承发扬这个传统,在新时期共同进步发展,是我们这一代人肩负的使命,我们一定不辜负历史的重托。

(2007年5月)

初识"盐文化"

◎初识"盐文化"

运城盐池的历史人文特色

全国大大小小的盐湖无虑不下数百个,而运城盐池最为奇特。她不是最大,但是开发最早,特质最为独到,阅历最为丰富,贡献最为卓绝,因而在历史上最有名气。她的这些历史人文特色,大体可以概括为"五专""五过""两大创新"。

所谓"五专",是指她自身所专有而独具的特质。

一曰,池拥专名,仅此一家。

全国各地的盐湖都有名字,但以属地命名者居多,如"淮盐""浙盐""长芦盐""自贡盐""花马池"等等,而运城盐池除了以属地命名,称作"河东盐池""安邑盐池""解池""潞池"外,在历史上还有个特有的名称,叫做"盬"。《说文解字》:"盬,河东盐池也。袤五十一里,广七里,周百十六里。从盐省,古声。"《左传·成公六年》:"必居郇瑕氏之地,沃饶而近盬。"杜预注:"盬,盐也。猗氏县盐池。"孔颖达疏:《说文》云,'盬,河东盐池。'盬虽盐,惟此池之盐独名盬,余盐不名盬也。"在诸多的盐湖群体中,以一个专字来命名的,此为独一无二。这是一份难得的殊荣!那么,"盬"又是什么意思?"盬"从盐、古声。"古"字音近"苦",有人认为"盬"即"苦盐"。其实所有的盐都有苦味,不独运城一家。窃以为"鹽"之从"古",亦声亦义,即是"最古老的盐池"之意。池拥专名,由此可见运城盐池在先民心目中地位是何等的尊崇。

二曰,司设专城,举世无两。

"天下盐治不一,举无专城。河东何以独有专城?"《河东盐法备览》解释说,其他盐池,沿线城市较多,盐司均设于大都会。如淮盐运司设在扬州,长芦盐运司设在津门,浙盐运司设在杭州,等等。这些地方都是通都大邑,盐司于此能够居高临下,统摄全局。而河东盐池则不同,她坐落在中条一隅,毗邻仅解州一座小城,"地小不足以容",故需另筑新城。其实,除此之外还有一个重要原因是,盐司位尊,州官位卑,运司与州官易生摩擦。故为便于对盐池的统管,避免扯皮,运司设立专城就势在必行了。新城既立,有盐运使驻节,位阶为从三品,几与省城三司(布政使、按察使、学政)职级近同,且统管数省盐务;而其城"级别"则不高,不仅隶属于(解)州,且受辖于(安邑)县,如此"小城高配"亦为全国所仅见,这也是她作为盐务专城的一个特点。总之,因盐务而设专城,这里是全国一个特例。没有运司就没有运城,而城的设立又极大地带动了当地的社会经济全面发展。运城后来之所以能成为晋省南部政治、经济、文化的中心概缘于此。

三曰,护筑专垣,独树一帜。

环池120里筑有禁垣,是运城盐池一大特色。为了保护盐池,早在唐代环绕盐池一周就修有"壕篱",宋代在此基础上又筑了"拦马短墙"。到了明代成化十年、正德十二年,两次

◎初识"盐文化"

大规模的修建,筑起了高2丈余,厚1.5丈的禁墙,并且建起东、西、中三座禁门,派兵把守,使得禁垣臻于完备。明清以下,朝廷每年还由国库拨付银两,征召民夫"岁修"。历代朝廷之所以不惜工本建造禁垣,当然是因为解池收入是国家财政收入的大项,需要保护;同时也是由于解池面积较为集中,有可能这样做。事实证明,禁墙的修建确实对盐池起到了积极的保护作用。它有效地防止了盗盐走私,保障了税收,增加了国库收入。以明朝为例,禁墙没有完备之前,盗盐走私严重,解池上交国库的税银,一直在淮盐和浙盐之下;而筑起禁墙后,"盐大熟,盗不得私窃,解州之利渐出两浙、两淮上矣"。另外禁墙对防止客水犯池,保护盐池正常生产也起到了很好的作用。禁墙是古代保护国有资源的一种创造,也是建筑史上一道别致的风景。它在国内外盐湖中是绝无仅有的。

四曰,神祀专灵,别立鹾宗。

各地盐池均有祀神之所,而所祀之神大体千篇一律,皆为宿沙氏。传说是他最早发明煮盐,故被尊为盐宗。而运城盐池则不同,其所祀神灵为"盐池之神",名曰"宝应灵庆公",且自唐代宗敕封起,历代皆列入国家祀典,定期祭祀不辍。宋代徽宗又诏封为"资宝公""惠康公"。元代再加封为"永泽资宝王""广济惠康王"。明代正其名为"盐池之神",而又根据产盐托庇之需要,"因地制宜",封勅了日神、风神、雨神、关王、土地神、中条山神、甘泉神等诸多神灵。并累加补建,使得神庙成为一个以奉祀池神为主,而群神共享的祀所。其祀神之多,体系之完备,为盐池史上所罕有。池神庙建于盐池岸畔卧云岗上，下瞰卤泽，南瞻中条，面积达2.6万平方米。除有三大神殿、献殿、戏台外，尚有歌薰楼、海光楼、地宝天成牌坊等等特色建筑，其规模之宏大，气势之壮阔，亦为其他盐神庙宇所罕见，堪称一绝。

五曰，商办专学，于斯首创。

《河东盐法备览》说："天下运司五，惟河东设有专学。盖以郇瑕为财赋薮，沃土之民，逸则忘善。由来治醝诸君子，既裕国而便民，复兴贤以厚士。运学之设，师道立而教化行，理义明而风俗美。"元大德三年（公元1299年），运使奥屯茂创建学宫，吸纳盐商子弟读书。明洪武初暂废。正统己未（公元1439年）恢复，并扩大建制，设有大中殿、名宦祠、乡贤祠、尊经阁、崇圣祠等建筑，历代修葺频兴。运学设有学政、训导，专司教育；还创建学仓，备置学田，以充生员费用，延续直至清末。由此为先导，带动运城先后创办起一批书院、社学，数百年间培育了大批人才。据《河东盐法备览》载，明代自永乐至崇祯200多年间，出进士46名，举人150名。清代顺治至乾隆100多年间，出进士33名，举人71名；武进士7名，武举41名。其中不乏刘敏宽、曹于汴、宋在诗、张岫等名宦大贤。运学开创了为商业子弟办学之先河，为中国教育史上一大创举。

所谓"五过"，是指她有过重要而奇特的阅历。

一曰，谱写过民族史诗：黄帝战蚩尤。

黄帝轩辕氏、炎帝神农氏与蚩尤，是上古时期中华民族三大部落首领。黄帝与蚩尤大战是上古两大部落之间一场具

◎初识"盐文化"

有史诗性质的战争,黄帝打败了蚩尤,从此奠定了中华民族的地域分布格局。战争的标的即是争夺河东盐池。三国王肃《黄帝经序》说:"蚩尤血化为卤。"《孔子三朝记》:"黄帝杀之于中冀,蚩尤股体身首异处,血入池化卤,使万世之人食焉。则解之盐池也。因其尸解,故名其地曰解。"《太平寰宇记》:"蚩尤城在(安邑)县南十八里。"沈括《梦溪笔谈》卷三:"解州盐泽,方百二十里。久雨,四山之水,悉注其中,未尝溢;大旱未尝涸。卤色正赤,在阪泉之下,俚俗谓之蚩尤血。"《路史》:"传(黄帝)战执(蚩)尤于中冀而诛之,爱谓之解。"《大宋宣和遗事》:"……解州有蛟在盐池作祟……继先答曰:'昔轩辕斩蚩尤,后祠于池侧以礼焉……'"今盐池东北有蚩尤村,当地有许多蚩尤的传说。这些记载、传说表明,黄帝与蚩尤的战争就发生在河东盐池。

二曰,演奏过阜民之歌:舜帝奏南风。

《乐记》曰:"昔者,舜作五弦之琴,以歌《南风》。"《孔子家语·辨乐解》曰:"昔者舜弹五弦之琴,造《南风》之诗,其诗曰:'南风之薰兮,可以解吾民之愠兮。南风之时兮,可以阜吾民之财兮。'"《南风》为史载第一首帝王之歌。《乐记》说,从此开始,负责礼乐教化的夔,才制作出各式各样的音乐供帝舜赏赐给诸侯,用以褒奖他们的德行,教化民众。明张瀚《松窗梦语》说:"蒲州乃古蒲坂,为舜帝都。盐池所产为形盐,又曰解盐。不俟人工煎煮,惟夜遇南风,即水面可冰涌,实天地自然之利。大舜抚弦歌《南风》之诗,'可以阜财'正指此也。"其说甚是。《河东盐法备览》亦谓此"盖指盐池而言。今池神庙前有歌薰楼、舜弹琴处"。圣王奏琴放歌为百姓祈福的事,历史上本不多见,更是一般盐湖所没有的殊遇。

三曰,成就过武圣伟绩:关公显神威。

"关公战蚩尤"是一个宣扬道教法力的神话故事。故事发生地就在运城盐池。故事有两个版本。一说宋真宗大中祥符七年,盐花不生,大臣吕夷简称蚩尤作祟。真宗召道教张天师降妖,张又请值星神君关羽统领阴兵征伐。一场恶战过后,云散天青,盐池恢复旧观。一说在宋徽宗崇宁四年(或政和中),"解州池盐至期而败,课辄不登。帝召虚静真人(张天师)询之,奏曰:此蚩尤神暴也。帝曰:谁能胜之?曰:关帅可,臣已敕之矣。寻解州奏大风,霆偃巨木。已而霁,则池水平若镜,盐复课矣。……明日封崇宁真君。"两说不尽相同,但从宋史看,盐池当时经历灾患是事实,请张天师除妖也是事实。重要的是故事中出现了本地英雄关羽,并且关公以此而声名大噪,被封为"崇宁真君",步入神坛,成为道教的神仙。如果说宋代以前人们敬重关羽,主要是敬重他的忠义、仁勇、诚信品格的话,宋以后的历代朝廷,更多看重的则是他佑国裕民的贡献。而解州当地由此还产生了娱神的铙鼓杂戏,其开山戏就是《斩蚩尤》。时至今日,河东地方许多民俗都与这一场大战有关。不难看出,成就关羽登上神坛,最终成为跨越时空神圣的,正是这个盐池降蚩尤的故事。

四曰,接待过历代帝王:虞周汉唐清

由于河东盐池在历史上有独具的重要性,故而受到历代帝王的眷顾。除上述三皇五帝时期黄帝轩辕氏、帝舜有虞氏

◎初识"盐文化"

之外,历朝历代都有帝王驾临。诸如尧都平阳,舜都蒲坂,禹都安邑,均在盐池左近;晋文公居新田,魏文侯都安邑,秦始皇祭泰山而后"由上党入(关中)"他们应当都到过盐池,可惜史书失载。而仅存见诸典籍记载的就有:①周穆王,戊子,"王至自盬"(《穆天子传》);②汉成帝,永始四年(公元前13年)三月,"祀后土","游介山,回安邑,顾龙门,览盐池,登历观"(《汉书·扬雄专》);③汉章帝,元和三年(公元86年),"秋八月乙丑,幸安邑,观盐池"(《后汉书·肃宗孝章帝纪》);④唐太宗,贞观十二年(公元638年)二月"丁卯,驻柳谷屯,观盐池"(《旧唐书·太宗本纪》);⑤清圣祖,康熙十二年(公元1803年),"十一月初八日,圣祖仁皇帝驾幸河东运城,初九日,驾进中禁门,御薰风楼,阅视盐池。是日,出西禁门,驻跸解州。"(《河东盐法备览》)其他如宋代皇帝真宗赵恒、徽宗赵佶,虽未亲临其境,而如前所述,他们对盐池的关怀,可当得起"念兹在兹",实在不亚于一次简短的幸临。

五曰,见证过国运兴衰:稽核抵国债。

河东盐池的收入在历史上一直是国家经济收入的大项。史载唐大历年间,河东盐池的收入曾占到全国财政总收入的八分之一。晚近之中国,屡遭世界列强欺凌,运城盐池也见证了这一段屈辱的历史。1900年八国联军攻入北京,强迫清政府签订了丧权辱国的《辛丑条约》。中国向列强赔偿海关银45000万两,分39年还清,本息共计98200万两,以海关税和盐税作抵押。其中就把运城盐池的盐税抵押给了英帝国主义。1913年,袁世凯向五国银行团借款2500万英镑,分47年还清,本息共6700万英镑,再次以盐税、海关税为担保。并在全国设立"盐务稽核所",派洋人进行监督。"河东盐务稽核分所"在洋人把持下,大幅提高税率,搜刮财富,最终将收入的95%都交给了五国银行团。1938年至1945年,侵华日军又对盐池进行了大肆掠夺。不仅增加盐税,大批地征发军用盐和工业用盐,还将重要化工原料硝板数十万吨用轮船盗运日本。运城盐池在近代历史上的遭遇,虽然不具备唯一性,但极具代表性。她的兴衰荣辱与国家、民族的命运是同步的。这一点也应看作是她的一个特色。

所谓"两大创新",是指她在生产和营销方面的独特贡献。

一曰,浇晒法工艺卓绝,世界之最。

世界上盐的种类很多,产盐的方法因条件不同而各异。以我国而论,古代海盐与井盐一直用的是熬煮的方法,而硝盐则靠沉积,石盐则靠刮削。与海盐、井盐、硝盐、石盐不同,运城的池盐生产早在春秋战国时期,就孕育了浇晒的方法。到了唐代,正式形成了"人工垦畦,天日浇晒"的产盐之法。即垦地为畦,引盐池卤水浇灌,称为"种盐",畦中水经烈日暴晒蒸发后即形成食盐。清代以后,又发明了潆沱取卤、凿井取卤以及引浇淡水等方法,使得制盐的工艺更加完善。运城盐池这种治畦浇晒法,为世界盐业史上独一无二的创造,自唐至今已有1300年的历史了。而我国的海盐采取治畦晒盐,至今只有200余年的历史;世界各国用治畦的方法天日晒盐,也仅只有300年的历史。

◎初识"盐文化"

二曰,盐钞法利国裕民,首开先河。

古代食盐多为官方专营专卖。宋仁宗庆历八年(公元1048年),范祥任制置解盐使,首创"盐钞法",提倡官盐私卖。即按盐场产量定其发放之盐钞,令商人在边郡缴纳现钱买盐钞,到解池按钞取盐贩卖。并在京师置都盐院储盐,平准盐价,盐贵卖盐,盐贱买盐,还允许商人凭钞提取现金。从而既保证了钞值的稳定,又保证了消费者和商人的正当利益。使得官盐得以畅销,盐利得以增收。同时商人所缴纳的钱,可以充实边塞,就地购买粮草,也节省了数十郡军民搬运之劳。此法利国裕民,很快就在全国推广开来。到了明代,又在此基础上发展为"开中法"。即政府鼓励商人输送粮草等至边塞,而从朝廷获取食盐运销的权利,如此既节省了转运费,又充实了边塞储备供给。盐钞法既是盐业运营史上一大创举,又是经济学中一大创新。而它的发明创始则起源于运城盐池,由此首开先河。

当然,谈到历史性的贡献,最最重要的还是在新中国建立以后。1949年以来,古老的盐池有如凤凰涅槃,获得了新生,生产与经营达到了空前良好的状态,为国家创造了大量的财富。1980年她的主要产品无水芒硝即占到全国产量的80%;1999年硫酸钾产能份额占到全国的50%以上;2002年硫酸钡产能份额占到全国的40%以上。从而成为全国最重要的无机盐化工基地。近年来,她又以"中国死海"的品牌,成为享誉海内外的著名休闲旅游胜地。这些都是史无前例的。今天,随着市委、市政府打造以"古中国"为标识的国际旅游目的地战略的实施,古老的运城盐池将会以更加崭新的面貌,呈现出现代化的辉煌!

☆ ☆ ☆

"寻常一样窗前月,才有梅花便不同。"正是由于运城盐池这些独家特质、丰富阅历和创新贡献,使她有别于中国乃至世界各国的形形色色的盐湖而一枝独秀,烁誉古今,蜚声海内外。她不仅是中华大地一块不可多得的瑰宝,而且在世界盐湖史上也罕有其匹,有着极高的自然科学史价值和历史文化价值。她是人类的一笔宝贵财富。

建议将运城盐池申报为世界自然遗产、文化遗产,以广宣传,以便保护,以利开发。

(2014年1月)

◎初识"盐文化"

帝国主义掠夺运城盐池的历史见证

在运城宾馆内,东西并排相向矗立着两座西式小洋楼。东边一座是地区交际处,西边一座则是地区外事局、旅游局、国际旅行社。这两座小楼连同宾馆北院西边的天井院,构成一套别致的西欧古典式建筑群,在运城市旧建筑中显得别具特色。说起这两座小楼的来历,还要引出我们中华民族一段令人心酸的近代史呢!

19世纪末叶,帝国主义列强掀起了瓜分中国的风潮。1900年义和团运动被镇压后,英、法、美、德、日、意、俄、奥八国联军打进北京,烧杀掳掠,并强迫清政府签订了丧权辱国的《辛丑条约》。和约规定中国向各帝国主义列强赔偿海关银45000万两,年息4厘,分39年还清,本息共计98200万两,以海关税和盐税作抵押。其中,运城盐池的盐税押给了英帝国主义,每年负担赔款盐税银32万两。从那时起,帝国主义把侵略的魔爪直接伸向了运城盐池。

1913年,窃国大盗袁世凯,为了以武力消灭南方各省革命势力,积极筹措战费,即以"办理善后"为名,向英、法、德、日、俄五国银行团进行大借款。4月26日,未经国会批准,非法签订了所谓《善后借款合同》二十一款。合同规定,借款总额为2500万英镑,年息4厘,八四实交(100元实付84元)。在作了各种扣除之后,实际到手只有760万英镑,而规定47年还清的本息竟高达6789万英镑。合同规定,借款以盐税、海关税以及直隶、山东、河南、江苏四省的中央税为担保。并规定在北京设立盐务"稽核总所",在各产盐地区设立"稽核分所",作为征收盐税偿还借款本息的机关。总所设华人总办、洋人会办各一名,分所设华人经理、洋人协理各一名,"二员等级职权均相等"。凡各地引票之发放、盐税和各项费用之征取以及盐的放行,均须洋员协理签字并上报稽核总所方为有效。洋人名为监督,实际上把持着盐政大权,稽核所成为中国盐政的太上皇。

同年6月,"河东盐务稽核分所"(又称"造报所")在运城成立。第一任经理为王克钧,协理为英国人柏里稳。他们从阜巷大街征得几座吕姓大宅院,作为办事处。到1919年又将其中前庭后楼的中式建筑尽行拆除,然后另行设计建造了西式小洋楼两座,作为经理、协理的住宅。另外还建有天井院一座,作为办公厅。至1920年方才竣工,历时两年之久。这就是我们今天看到的两座小楼的来历。此后,在稽核分所任职的外国人先后有恺理(美国人)、伊凡士、巴斯克、伽尔玛、哈尔曼、纽纶(以上均为英国人)、葛费尔(法国人)、雷司(俄国人)、柏克(挪威人)等。这些洋人拿着高薪(月薪1170银洋),住着洋楼,养着洋狗,过着骄奢淫逸的生活。他们名为副职,实则控制着盐业税收的大权,掌握着盐池的命脉。

◎初识"盐文化"

帝国主义掠夺盐池是从提高税率入手的。1912年运城盐池原销山西之盐,每司马担(合127市斤)征税1.566元,到1914年稽核分所开始征税时,即增为两元,1924年又增为2.5元,1925年又增为3.2元,1936年则增为5.117元。凭借税率的增加,帝国主义从盐池搜刮了大量财富,仅1928年的盐税就达683万余元。稽核分所把征下的盐税绝大部分交给了五国银行团。据有关资料记载,仅1914年至1919年这6年间,运城盐池税收总额为1852万元,其中交给五国银行团款项就达1758万元,占到税收总额的95%。

1927年,国民党政府迫于人民群众的压力,曾一度下令取消盐务稽核机构,但遭到帝国主义的强烈反对,于是又很快恢复了稽核制度。到了1937年,"河东盐务稽核分所"不仅没有撤销,反而与"河东盐运使公署"合并,成立了"河东盐务管理局"由原稽核分所经理蔡国器、洋员协理柏克分任正副局长。这实际上等于取消了盐运使,从行政到盐务由稽核分所包揽一切,使盐池进一步沦于帝国主义控制之下。

1938年3月,日本帝国主义侵入运城,这两座小楼又成为他们奴役中国人民的巢穴,掠夺盐池资源的大本营。日军宣布对盐池实行"军管",并通过伪"河东盐务局"控制了盐池,使盐池遭到极其严重的破坏。他们首先大肆抢掠,致使盐池的设备物资被洗劫一空,1938年粒盐未收。与此同时,日伪大幅度增加盐税,大批地征发军用盐和工业用盐,为其侵略战争服务,并掠夺重要化工原料硝板达几十万吨之多,用火车运至天津口岸,再装上轮船送往日本。

1947年,运城解放了。古老的河东盐池终于回到了人民的怀抱。这两座象征着殖民统治的小洋楼也为人民政府所征用了。在改革开放的今天,这两座小楼已同它周围一批新建的大型楼群一起,成为接待四海来宾的寓所。然而,作为帝国主义奴役中国人民、掠夺运城盐池财富的历史见证,它昭示我们永远不要忘记中华民族过去那段任人宰割的历史,激励着我们奋发不懈,大力发展经济,早日把社会主义祖国建设得更强大!

(1982年)

附记:

为了弄清"河东盐务稽核分所"的建筑时间和相关人员情况,笔者于1990年6月致函曾在该所供职的泥快亭先生,承他8月2日自上海复函如下:

"稽核所的两座小楼,是供经理与协理各住一座,连同其他办公的前后两座厅,均同时建起的。大约在1920年。是由一位英国协理名白理威主持的。当时中国经理是一位姓曾的,其他均不记得了。白理威去后,由一位恺理(Kelly),可能是美国人继承的。当时经理因事请假再未返回,由一位唐石顽继任。唐去后,由一位姓刘经理继任。恺理去后,由一位白克(挪威人)继任。刘去后由蔡国器继任。蔡免职后,由一位水局长继任。白克一直到抗日战争中退下来,返回挪威本国。这是我所能记忆的,其他均想不起矣。"

◎初识"盐文化"

最能代表运城的字——鹽

2011年某日,一位朋友自太原打电话来问,在所有的汉字中,哪一个字最能代表运城?这个问题引起我的思考。最初简单一想:"运城"以设"盐运使司"名城,当然是"运"字最能代表运城。后翻检志书典籍,见到古人有称运城为"鹾城"者,觉得"鹾"字似乎也可代表运城。后来又经思索比较,觉得从本源上讲,最能代表运城的汉字还应该是"鹽";运城如果要再选一个最贴切的名字的话,那应该就是"鹽城"。

为什么这样说呢?这是因为运城因"鹽"而建城。《说文》曰:"鹽,河东盐池。袤五十一里,广七里,周百十六里。"作为地名,"鹽"字是特指运城盐池的。《河东盐法备览·运治》曰:"运治非盐池不立,盐池非运治莫统。"换言之,没有盐池就没有运城,没有运城则盐池无法统管。既然盐池与运城是这样一种关系,盐池专名为"鹽",其盐田称为"鹽田",所产之盐呼作"鹽盐",那以管理"鹽池"、经营盐务而建的专城,理所当然地也就是"鹽城"了。

另外更重要的是,运城盐池称"鹽"具有唯一性。《左传·成公六年》:"必居郇瑕氏之地,沃饶而近鹽。"孔颖达疏曰:

"《说文》:'鹽,河东盐池。'鹽虽盐,惟此池之盐独名鹽,余盐不名鹽也。"正因为如此,除运城外,全国从古到今没有一个以"鹽"命名的地名。今天的江苏有盐城市,宁夏有盐池县,四川有盐源县、盐亭县、盐津县,湖南有盐湖镇,福建有盐田镇,广东有盐步镇,甘肃、浙江有盐官镇等等,都以近盐而得名,却都未以"鹽"名城,就是因为那里的盐场不叫做"鹽"。运城以"近鹽"而称"鹽城"于理为顺,亦极富个性,极具特色,无人可争,也无人敢争。

再从历史发展角度考察,"鹽"是先人们为运城盐池起的"小名"。"鹽"在先,"运司"在后;"鹽"是源,"运司"是流。3000年之前,"运司"尚未名世,"鹽"名已然存在;700年之后,"运司"早经废除,"鹽"池依然青春焕发。"运"之为名有阶段性,而"鹽"之为名则具永恒性。更何况在"运城"得名之前,她还有过诸如"盐氏""路村""凤(凰)城""圣惠镇"等名字!

"鹽"字具象生动,内涵丰富,寓意悠远,作为运城的别名当然是不二之选。

而且,事实上运城称"鹽"古代已有先例。"鹽"音近于"苦""古",故古人以"鹽城"为姓氏时,将其简化写作"苦成"或"古成"。东汉王符《潜夫论》曰:"苦成(城),城名也,在盐池东北。……其(姓氏)在汉阳者……更书之曰'古成氏'。"可知,称运城为"鹽城"是有历史依据的。或许有人顾忌"鹽"与"苦"音近会否有贬义,那是多虑了。须知中国的汉字多达10万个,而按普通话的标准计算,汉字音节总共不过1310个,平均下来每一个音节要有数十甚至数百个汉字,而每一个读

◎初识"盐文化"

音所涵盖的字又都会有褒贬二义。如果漫无边际地去搞同音训诂联想,甚或成心恶搞,那几乎可以说没有几个汉字是纯而又纯的美义字了。《说文·段注》曰:"盐池古者谓之'盬'",这是对地名字"盬"最精准的诠释,我们只要记住这个就够了,其他真不必多虑。

有人可能要问:那运城还能继续简称为"运"吗? 当然可以。事实上,今天我们所说的"大运高速""运三公路"等等,不都是用"运"字来代表运城吗? 但是须知,运城是取义于"盐运使驻节之城"(注意:不能简单地释之为"运盐的城市")。"盐运使"一词意义支点有二:一是"盐",二是"使"。具体到当地,"盐"是"盬盐";"使"是"运使",即"转运使"或"发运使"(不是"按察使""布政使")。所以以"盬盐""运使"各取一字来命名的话,她既可以称为"运城",也可以称为"盬城"。如同南粤广州,以当地有"仙人乘五羊衔谷穗而来"的美丽传说,既可称为"羊城",又可以称为"穗城"一样,二者无论叫什么,同样有着历史的厚重感。何况较之于"运"字,"盬"字字形奇特,更加会令人追思悠远,浮想联翩,留下深刻的印象,我们何乐而不用之?

至于"鹺"字,当然也不错。运城盐湖亦称"鹺海",解州关帝庙牌坊,东边是"灵钟鹺海",西边是"秀毓条山","鹺海"指的就是盐池。明清一些文人的诗词中也有称盐池为"鹺池",称运城为"鹺城"的。但比较而言,如同"䐰""䪞""䪞""鹹"都是盐的别称一样,以"鹺"代"盐"也还只是一种泛称。盐使亦称"鹺使",盐法亦称"鹺法",盐商亦称"鹺商",盐务亦称"鹺

识读运城·古中国

务"等等,用到任何一地皆可。故用"鹾"来特指运城,其命意也仅仅等同于一般的"盐城",而不具备唯一性,不是无可替代的"这一个"。

"盬"字是运城的徽号和标志,它的丰富的历史文化内涵应当得到进一步的弘扬和彰显。建议把"盬"字作为运城市市徽的核心元素,同时在市区一些重要地段树立"盬字碑",作为城市的地标。比如在盐池岸畔:昭示世人此处即是华夏大地上独一无二的"盬"池;比如在市区中心广场:表明"盬盐文化"是运城城市的核心文化;比如在机场、车站或高速路口:告知外来的客人,运城在历史上是以"盬"而设的专城。北京郊区的"爨(川)底下村"曾以一个稀有的"爨"字吸引游客,打造京西著名的旅游景点,取得了意想不到的成功。相信造型奇特的"盬"字,也会以其独具的魅力对提升运城的城市知名度和美誉度产生一定影响。

当然,也不排斥将运城简称为"运"和"鹾"的用法。

(2014年6月)

◎初识"盐文化"

盐池古者谓之"盬"

《说文》曰:"盬,河东盐池,袤五十一里,广七里,周百十六里。从盐省,古声。"意思是说,"盬"是指河东的盐池。它长51里,宽7里,周长116里。这个字,由"盐(鹽)"字省却"卤"字作形旁,读"古"字的音。

典籍文献中最早用"盬"字指称运城盐池者,我们今天所能看到记载的是《穆天子传》:"戊子至于盬。"据王国维《今本竹书纪年疏证》,这一年是周穆王十五年,即公元前961年,距今已2975年。《穆天子传》被史家认为有"起居注"性质,或为即时所载。但即或如此,"盬"字也远不会是在这一年才有,西周初年的《诗经》中已经多次用到这个字,如"王事靡盬",并且用的是它的引申义。可见这个字早在先周、殷商时期就已经产生,距今在3000年以上了。

那么,"盬"字的本义是什么?先人们特别选用(或创造、设计)这个字来命名河东盐池,表达的又是什么意思呢?

关于"盬"字的释义,后世学者根据汉儒杜预、郑玄等人对《周礼·天官·盐人》中"祭祀,供其苦盐、散盐"一句的注疏,提炼出了三种解释。一曰"不涑治之盐",二曰"苦盐",三曰

"颗盐"。其实从根本上讲,以上这几种说法都是从性状、工艺方面对"(鹽)盐"的训解,而不是对"鹽(池)"的诠释。

那作为地名字,"鹽"的正确释义究竟是什么呢？笔者以为,段玉裁在《说文》"鹽"字条下的注释为我们作了很好的回答。《说文·段注》曰:"杜注《左氏》、郭注《穆天子传》皆曰:'鹽者,盐池。'然则盐池古者谓之'鹽',亦曰'鹽田'。"即是说,杜预、郭璞将"鹽"仅仅释为"盐池"是不够的,它不是一般的盐池,只有最古老的盐池才叫作"鹽"。而此前唐人孔颖达为《左传》作《疏证》亦曰:"《说文》:'鹽,河东盐池。'鹽虽盐,惟此池之盐独名鹽,余盐不名鹽也。"就特别指出过"鹽"为专名、有专义。

"盐池古者谓之'鹽'",这句话是对"鹽"字本义所做的精准的诠释。从"鹽"字的造型结构来看是这样,从"鹽池"的非凡阅历状况来看更是这样。

《说文》诠释"鹽"曰:"从盐省,古声。"意思是说:"鹽"字是由"鹽"字旁"监",再加上一个"古"字两部分组成的;换言之,亦即是将"鹽"字省却"卤"部,换上了一个"古"字。为什么先人们在创造这个字时,要把"鹽"字最关键的部位义符"卤"去掉,换成一个"古"字呢？很显然,这里要突出的是"古"的音和义。强调这里不同于其他,在华夏大地诸多的盐湖中,它是最古老、最负盛名的一座。至于"鹽"池之"古"最远可以上溯到什么时候,恐怕也是我们今人想象不到的。在我们今天看来,3000年以前的殷商时代,已经是很"古"的了,而3000年以前的人们,在创造这个"古"字时,他们心目中的"古",可能

◎初识"盐文化"

比我们想象的"古"还要"古"很多。

"古"字在甲骨文里字形虽然也是"从十,从口",和今天似乎没有什么差别,但所含意义却不相同。因为甲骨文里,字形上的些微差异表示的事物就有不同。譬如同是两横的"二",上短下长为之"上",上长下短为之"下",上下齐等为之"二"。同样道理,同是一横一竖,横长竖短的"十"表数字;横短竖长的"十"则表天干。"古"字上面的"十",不是代表一二三四五六七八九十的"十",而是代表天干(甲乙丙丁戊己庚辛壬癸)的第一个字"甲"。而"甲"最初即写作"十",系鳞甲上裂开之缝隙状,故"甲(十)"有"开辟、开始"之意。黄帝造干支纪年时就将"甲"字列为天干之首。因此,殷商以前人们要讲什么事情"从头讲起",用文字表达那就是"从甲(义为'古',写作'十')讲起";而"甲(十)"指的就是开天辟地的时代。"古"字下部又"从口",故"古"字所表示的意思就是"讲述开天辟地时的事情"。郭沫若先生则更认为,"古"就是"鹽"字的初文。他老先生的意思甚至可以理解为:运城盐池最初就叫"古池",是自开天辟地时期就有的一座宝池。后来加上盐字旁"监",才写作"鹽"。有鉴于此,今天是否也可以这样说,就中华人文历史的记载来说,对于运城盐池,无论您怎么想象她的悠久都不为过。

历史事实或正亦如此。位于河东大地的"鹽"确实经历非凡:她目睹了洪荒时代开天辟地的壮烈,她经见了千万年前的沧海桑田巨变,她最早看到了人类从蒙昧进入文明的曙光,她见证了中华人文初祖黄帝轩辕氏、炎帝神农氏、蚩尤之

间的战争,她领略了尧舜禹三代圣王推进华夏文明的雄才大略的丰采,她亲历了华夏第一个王朝在身边崛起与覆亡……华夏文明史早期许多重大事件、许多重要人物、许多重头精神文化产品,都与她息息相关。她记录着中华文明的历史变迁,见证了华夏五千年文明的演进,是大自然和华夏先祖们留给我们的一份珍贵的遗产。先人们特意为她选用或创造、设计了"盬"字专名,她可谓当之无愧。有感于此,笔者前不久曾凑《题运城盐池》一阕以纪其事,曰:"开辟以来原有海,渤澥而外更无盬。亲历轩蚩争战事,亘古中华第一湖。"运城盐池别称"醝海""渤澥","海""渤澥""盬"一也。

"盐池古者谓之'盬'",是为的论。

(2014 年 7 月)

◎初识"盐文化"

浅谈运城别称之"鹾"

河东盐池专名曰"盬",后世亦曰"鹾池""鹾海",明清以下运城亦有"鹾城"之称。明人刘敏宽有《鹾池》诗;周礼乐有《运城八景》诗,其二为《鹾海铺琼》。清人觉罗勒信《歌薰楼》诗有曰:"雪满琴台月,霜清鹾海风。"郭书俊《鹾城绝句》诗之四有曰:"鹾城一夜长新花,万顷琉璃浸月华。"等等。那这个"鹾"字又是怎样与运城发生联系的,下面分几个层次来说一说。

第一,"鹾"为何义? 辞书中的"鹾"字有两个义项:1.盐的别称;2.味咸。后世将运城盐池称为"鹾海"用就是第一个义项,也就是"盐海"的意思。其他如盐商称"鹾商",盐务称"鹾务",盐税称"鹾税"等等,用的也都是第一义。至于"鹾"指咸味,东汉崔骃《七依赋》有曰:"鹾以大夏之盐,酢以越裳之梅。"古代以盐制咸味(鹾),以梅制酸味(酢)。"越裳之梅"指南方之梅,"大夏之盐"就是河东之盐,古人认为二者搭配可以调出最美的菜肴。这里的"鹾"就是"使味道变咸"的意思。这一义在河东方言中至今仍有保留,运城人俗称"咸味太重,口感有刺激"曰"chà(差)口",本字就是这个"鹾"字。看来,貌似鲜见的"鹾"字,离我们的生活并不太远。

第二,"鹾"读何音?《现代汉语词典》注为 cuó(矬)。《广韵》则注为"从母、歌韵、平声"。古音从字声母为 c,歌字韵母为 a,故"鹾"字应读作 ca(擦)。后来声母、韵母都发生了变化,声母由舌尖前音 c,变为舌尖后音 ch,于是有了 cha(差)的读音;韵母 a"元音高化"变为 o\uo,于是有了 cuó(矬)的读音。由此看来,运城话读"鹾口"为"cha 口",是保留了较古(唐代以前)的读音;而 cuó(矬)则出现得较晚,是"鹾"字现代的标准读音。

第三,"鹾"字从何而来?说出来你可能会感到意外,"鹾"字是依照古代羌蕃语创造的一个汉字。羌蕃语是上古羌族、藏族先民使用的语言,在世界七大语系中,与古汉语同属"汉藏语系",故许多语汇双方互有借用。汉字中有几个表示"盐"的形声字,是由"卤"部加"方音"构成的,如"卤扁"、"卤奏"。《广韵》曰:"卤扁,蜀人呼盐。""卤奏,南夷名盐。""鹾"字也属于这一类型,它由义部"卤"和声部"差"两部分组成,"卤"是表示盐的,"差"就是借用了古代羌蕃语的读音。古代羌蕃人呼"盐"为 ca 或 cha,至今西北的藏族同胞口语仍然如此。青海乌兰县有名的"茶卡盐池",就是《汉书·地理志》中金城郡临羌县的"西海盐池","茶卡"就是藏语"盐池"的音译。与四川巴塘县隔江相望的西藏盐井县乃横断山脉的峡谷古镇,盛产井盐,"井盐"当地藏语即呼为"擦卡洛"。因此,这里的汉字"茶""擦"都不是本字,是被借用来标示羌蕃语语音的。而按照音义结合的原则创造的"鹾"字,才应当是"茶、擦"的汉语本字。

◎ 初识"盐文化"

只是由于它后来变读为"cuó(矬)",今天人们已渐渐地弄不清它和羌蕃语的渊源关系了。

下面回到正题。河东盐池从何时开始称为"鹾"？答案是"始于'盐曰咸鹾'一句的注释"。"盐曰咸鹾"见于先秦典籍《礼记》。《礼记·曲礼下》曰："祭祀宗庙之礼,牛曰一元大武,豕曰刚鬣,豚曰腯肥,羊曰柔毛,鸡曰翰音,犬曰羹献,雉曰疏趾,兔曰明视,脯曰尹祭,槁鱼曰商祭,鲜鱼曰脡祭,水曰清涤,酒曰清酌,黍曰芗合,粱曰芗萁,稷曰明粢,稻曰嘉蔬,韭曰丰本,盐曰咸鹾,玉曰嘉玉,币曰量币。"后汉经学家郑玄为《礼记》作注,对其中"盐曰咸鹾"一句注释说："大咸曰鹾,今河东云。"意思是："大咸"称为"鹾",就是今天河东所产之盐。这应该是称河东盐为"鹾"的最早出处。

我们知道,古人十分重视对祖先的祭祀,认为"国之大事在祀与戎"。因此祭祀的礼仪都十分隆重,制定有详细的规则,庄严的仪式。不仅祭品十分丰盛,而且为各种祭品都起了寓意吉祥美好的专名。如水称"清涤",酒称"清酌",鲜鱼称作"脡祭",牛称作"一元大武",韭菜称作"丰本"等等。作为"五味之首"的盐,在祭祀中当然不可或缺,被称作"咸鹾"。而河东的鹽盐又是祭祀中专用品,《周礼》曰："盐人掌盐之政令,以供百盐之事。祭祀供其苦盐、散盐,宾客供其形盐、散盐,王之膳馐供饴盐,后及世子亦如是。"对"祭祀供其苦盐、散盐"一句,郑玄《注》："苦当为盬。盬出于盐池,今之颗盐是也。散盐煮水为之,出于东海。"由此又可知：一、用河东鹽盐来祭祀祖先在周代是法定的。二、当时称祭祀之盐为"咸鹾",是对

"盐"的美誉之称。三、祭祀之盐包括"苦盐、散盐",所以"咸鹾"就成为后世一切盐的美称。四、后来郑玄说:"大咸曰鹾,今河东云",这句话对"咸鹾"一词作了具体的解释,这是直接称河东盐为"鹾"的开始。郑玄生于汉顺帝永建二年(公元127年),卒于汉献帝建安五年(公元200年),属东汉后期之人。当然,对于郑玄"大咸曰鹾"这句话,清人段玉裁在注释《说文》时曾提出过异议,他说:"咸鹾古语,不容删字。"意思是说:"咸鹾"是一个词,不能拆分说成"大咸曰鹾"。两位训诂大家的说法小有不同,但直接呼河东盐为"鹾"是从东汉开始这个没有错。后世称盐池为"鹾池""鹾海",称运城为"鹾城",皆可溯源于此。

那"鹾"字可不可以算作是运城的"专称"?由于祭祀之盐有"苦(鹽)盐"也有"散盐"(海盐),因此"盐曰咸鹾"应是指称一切之盐。后世人们称河东盐池为"鹾池""鹾海",称运城为"鹾城",都是借取其美誉的一面,但还很难说"鹾"就是河东盐池以及运城的专称。不过话又说回来,"鹾"虽不是河东盐池的专称,但是盐的美称,故仍不妨称河东盐池为"鹾池""鹾海",称运城为"鹾城"。

(2014年8月)

◎初识"盐文化"

《咸池》最早记述了黄帝与蚩尤盐池之战

发生在河东盐池的黄帝大战蚩尤的故事,现存文献最早见载于《孔子三朝记》。《孔子三朝记》说:"黄帝杀之于中冀,蚩尤股体异处,血入池化卤,使万世之人食焉。则解之盐池也。"今人据此认定黄帝战蚩尤故事发生在河东盐池。那么,这一重大史实有无更早的记载?笔者以为有:世传黄帝之乐《咸池》很可能是最早记述了黄帝与蚩尤大战于盐池的作品。

史籍记载,黄帝时代曾制作有乐舞作品《咸池》。《礼记·乐记》曰:"《咸池》,备矣。"郑玄注:"黄帝所作乐名也,尧增修而用之。"《吕氏春秋·古乐》:"黄帝又命伶伦与荣将铸十二钟,以和五音,以施《英韶》,以仲春之月,乙卯之日,日在奎,始奏之,命之曰《咸池》。"但由于年代久远,这部重要的乐舞作品没有流传下来,在典籍中只有片言只语、零星散乱地提及,对后人了解它的形式、内容、价值,造成很大的困难。故至今学界对《咸池》的研究,成果寥寥,没有什么突破性的成就。然而即或如此,依据这些极少的资料亦可以看出,这是一部重要的具有史诗价值的作品,它记载或演绎了上古时代黄帝轩辕氏与九黎族首领蚩尤两大部落大战于河东盐池的故事。

第一，《咸池》乐舞有黄帝大战蚩尤的内容。

1.从古代帝王制乐的规律来看。现有的研究文章几乎一致认为，《咸池》之乐创作于黄帝战败蚩尤之后。这符合古代帝王乐舞制作的规律。一般来说，古代在一场大战之前往往要发布"誓词"，甚或演奏歌舞，作为战前动员，鼓舞士气，振奋军心，以保证战争取得胜利。如《尚书·周书》第一篇《牧誓》就是武王伐纣时牧野之战前夕发布的誓师词。在战争胜利之后，往往又会编制大型乐舞，歌颂帝王武功与圣德，以作庆贺或纪念。除上古商汤伐桀、武王伐纣者外，后世最为著名的有如：北齐时兰陵王饰假面破敌后，编制《兰陵王入阵曲》，后流传至东瀛，至今日本艺伎犹能表演。唐太宗李世民大破刘武周后，制作了著名乐舞《秦王破阵乐》，后演变为《七德舞》，传演至今，而当时曾流布至吐蕃、天竺。故黄帝战胜了蚩尤，厘定天下，奠定了他在华夏民族各部族中的共主地位后，必然会要制作一部巨大的乐舞来记载、来纪念、来庆贺。这就是创作这部大乐的历史背景。而创作的时间只能是在战争结束后不久。有学者考证这部作品创作在公元前2523年，或公元前2547年，具体时间容或可以讨论，但肯定在斩杀蚩尤之后，一定演绎有大战蚩尤的内容。

2.从上古圣王乐舞内容比较来看。《周礼·春官·大司乐》："以乐舞教国子，舞《云门》《大咸》《大韶》《大夏》《大濩》《大武》。"郑玄注曰："此周所存六代之乐。"所谓"六代之乐"就是黄帝、尧、舜、禹、商汤、周武六代圣王之乐。其中《云门》、《大咸》(即《咸池》)均为黄帝之乐，后《大咸》为尧增修，亦为尧之

◎初识"盐文化"

乐。《大韶》即舜之乐,《大夏》为禹之乐,《大濩》为汤之乐,《大武》为周武之乐。六代圣王中三代曾有大型征伐之事,即周武伐纣、商汤伐桀、黄帝战蚩尤。而古籍明确记载《大濩》记述了汤灭夏桀的战争,《大武》演绎的是武王伐纣的战争。《吕氏春秋·古乐篇》曰:"夏为无道——,天下患之,汤于是率六州以讨桀罪,功名大成,黔首安宁,汤乃命伊尹作为《大濩》。""武王即位,以六师伐殷。六师未至,以锐兵克之于牧野。归,乃荐俘馘于京太室,乃命周公为作《大武》。"今人王利器主编《史记注译》乐书第二注曰:"殷、周之乐指殷代的《大濩》(纪念商汤伐桀功绩的乐舞)和周代的《大武》(表现周武王伐纣武功的乐舞)。"既然如此,《咸池》理当也是同类性质的乐舞,以描述黄帝与蚩尤战争为主题。

3.从后世人对作品的感受来看。由于《咸池》很早已失传,故后人要研究它的内容颇为不易。幸而《庄子·天运》载有古代一位名叫门成子的人,听到过这部大乐的演奏。据说他的感受是"始闻之惧,复闻之怠,卒闻之而惑",始则令人惊恐,继则令人麻痹,终则令人痴迷。有学者认为这反映了原始宗教的魅力。而笔者以为,这恰正说明该乐舞演绎的是发生在河东盐池的那场"黄帝战蚩尤"惊天地泣鬼神的大战的进程所带来的听觉效果。音乐开始表现的是蚩尤猛烈进攻,双方激战,相互厮杀,极其惨烈的战争场面,故"始闻之惧"。后面则是黄帝兵卒愈战愈勇,扭转战局,打败蚩尤,其情状令闻之者如痴如醉,怡情快乐。这同《乐记》所载《大武》演绎武王伐纣故事颇为相似:"且夫《武》,始而北出,再成而灭商,三成而

169

南,四成而南国是疆,五成而分周公左、召公右,六成复缀以崇天子。"说的是,《大武》共六成(节),由观兵孟津、牧野大战、凯旋南面、诸国来朝、周召分陕、威尊天子等六章组成。始而浴血奋战,终则天下大治,四方来朝。不难想见《咸池》之乐也是这样的套路,揭幕之章必然是大战蚩尤的内容,与《大武》不同的是前者可能仅有三章,而后者则有"六成"。

《礼记·乐记》又说,《咸池》"黄帝所作乐也,尧增修而用之。"这个说法亦有一定道理。由于《咸池》演绎的是与蚩尤大战的故事,乐舞开始的一段是描写战阵的厮杀场景,故而门成子听来有恐怖的感觉。后经帝尧增修了和谐教化的内容,后面越听越觉得"怠"(轻松),而最终感到"惑",陶醉其间。此亦可证明《咸池》是记述大战的乐舞不误。

从上述几点可以看出,《咸池》乐舞肯定有记述黄帝蚩尤大战的内容,当为最早记载黄帝战蚩尤史实的作品。

第二,乐舞名曰《咸池》表明黄帝战蚩尤故事发生地在河东盐池。

关于"咸池"名称之义,儒家学者从礼乐教化的角度出发来阐释它,训解"咸"为"皆、悉"义,"池"为"施"字之古写,"咸池"即天地之间"咸蒙德施"的意思。如《白虎通义·礼乐》说:"黄帝曰《咸池》者,言大施天下之道而行。天之所生,地之所载,咸蒙德施也。"但此说并不确当。

"咸池"二字,"咸"字本义为"咸味","皆、悉"乃是它的引申义(详见下文解释);"池"为"施"之别写,古文献中仅此一例,孤证难以凭信。所以,"咸池"就其字面意义来解,应当是

◎初识"盐文化"

"咸水池""盐湖"之义。以下三点可进一步证明。

1.春秋战国时期尚另有一"咸池"之名,是神话中太阳洗澡的地方。《楚辞·离骚》:"饮余马于咸池兮,总余辔乎扶桑。"王逸注:"咸池,日浴处也。"《淮南子·天文训》:"日出于旸谷,浴于咸池。"既称"浴",说明"咸池"是"水池""湖泊"的意思。(古代天文学称西方有"咸池"星座,这里的"咸池"也应是"水池"之意)另外,《楚辞·离骚》还有"咸唐"一词,"唐"同"塘";"咸唐"亦即"咸池",也是"咸水池""盐湖"。同样一个"咸池",乐舞释义迥异,令人匪夷所思。而比较"盐池""咸蒙德施"两说,笔者以为,以"盐池"释"咸池"较之后者说法更有说服力。

2.《礼记》曰:周室祭祀"舞《云门》以祭天,舞《咸池》以祭地祇"。两部乐舞祭祀的对象以"天"与"地"对举,前者以"云门"象征天,后者以"咸池"象征地,"咸池"理当也是一个地理实体,而不应当是什么抽象迂曲的"咸蒙德施"。"咸池"作为地理实体的名称应该就是盐池,表明乐舞《咸池》是演绎发生在盐池的故事。

3."血化为卤"是对"咸池"二字形象的演绎。《说文》:"咸,皆也,悉也。"此说早已为后代学人所质疑。从甲、金文来看,"咸"字字形为一把斧钺加一口字。朱骏声《说文通训定声》指出:"咸,从口从戌,会意。戌,伤也。戊戌意皆为干支借义所专,遂昧本训;而咸义又为佥同借义所夺,莫识何从。当深思而釐正之矣。"意思是说:"戌"字本来是"斧钺",是"伤"的意思,后被借来作"干支"纪年,人们渐渐不知道它的本义;"咸"字本义也为"佥同(皆、悉)借义"所掩蔽。而"咸"字从"口"又

171

从"戌",合起来又是什么意思?周策纵认为:"'咸'本来应有'刺伤'之义。""'咸'字从口,或系指口尝味或诅咒之意。"综上所述,笔者以为:周说更加贴近本义。"咸"字本是一个会意字,从戌、从口。它所表达的意思就是以斧钺斫伤人后,口里所尝到(或体内流出)血的有刺激性的咸腥味道。明代著名医学家李时珍似乎参透了古人创造"咸"字的奥义,他在《本草纲目》中说:"夫水周流于天地之间,润下之性无所不在,其味作咸凝结为盐亦无所不在。在人则血脉应之,盐之气味则咸腥,人之血亦咸腥。"因此"咸味"才是"咸"字的本义。后世以"咸"加"卤"旁构成"鹹"字,作为"盐"和"咸味"的名称。由于盐极易溶解,一经入水便使得咸味遍布悉知,故"咸"又引申出"皆、悉"之义。而《咸池》之"咸"用的当是其本义。

上古时代文字草创,用语极其简洁朴拙。即如舜之乐名《韶》用一个字表达"绍继尧道"的意思;禹之乐舞名《夏》,亦是用一个字表示"光大尧舜之道"的意思,其他商汤之乐曰《濩》、武王之乐曰《武》莫不如是。从以上对"咸池"二字本义分析来看,"咸池"应即是黄帝"肢解蚩尤,血化为卤"这个事件的简洁概括,而"血化为卤"则是对"咸池"二字的形象演绎。所以"咸池"二字背后所涵盖的历史意蕴就是《孔子三朝记》所说的:"黄帝杀之于中冀,蚩尤股体异处,血入池化卤,使万世之人食焉。则解之盐池也。"它记述的是中国历史上一个具有史诗性的重大事件。

第三,"阪泉"地貌助证《咸池》的故事发生在河东盐池。

史载黄帝与蚩尤大战为"涿鹿之战",与炎帝大战为"阪

◎初识"盐文化"

泉之战"。然而后世学者或认为蚩尤即炎帝,或认为蚩尤隶于炎帝部落,或认为二者虽无相隶属,但两"战"应为一事。清代学者梁玉绳《史记志疑》认为:"阪泉之战即涿鹿之战,而非有两事。故《逸周书·史记解》称蚩尤为阪泉氏。"钱穆《黄帝故事地望考》认为:"《史记》黄帝与炎帝战于阪泉之野,阪泉亦即《梦溪笔谈》(黄帝战蚩尤)之版泉也。"刘起釪为《中国大百科全书》所撰"黄帝"词条也认为:"阪泉之战只能是涿鹿之战一事在传说中的分化、讹传","阪泉之战即涿鹿之战"。

"涿鹿"在何处?史家或指在燕地,然亦有"解州"之说且甚伙。顾祖禹《读史方舆纪要》认可旧志"解池为浊水或浊泽"说,张其昀《炎黄子孙》则称:"涿鹿与阪泉之野……谓即在山西解池附近。"今人更有以"涿鹿"为"浊卤"之说者,皆不无道理,兹不一一。

既然"阪泉之战即涿鹿之战","阪泉"与"涿鹿"应在一地;既然"涿鹿"亦即"浊卤""浊泽","阪泉"亦应在解池附近。至于"阪泉"具体在什么位置?沈括《梦溪笔谈》曰:"解州盐泽方百二十里……卤色正赤,在版(阪)泉之下,俚俗谓之'蚩尤血'。""今池南有蚩尤城,相传是其葬处。"沈括是北宋科学家,他亲自到过盐池考察,他认为黄帝与蚩尤(不是炎帝)大战于阪泉,而阪泉就在盐池边上,不会信口开河,而应当是经过一番深思熟虑、认真考辨的。同时,从盐池周围自然环境来看,说"阪泉"地望在其左近,也颇符合地貌实际情况。

案:"阪""泉"二字均系地名字,顾名思义当地应当既有"阪",又有"泉"。而"阪"为参照系(如"关东"之"关","山西"

之"山"），必为"名阪"。上古时期，河东闻名天下的"阪"有两个，一曰"蒲坂"，二曰"虞坂"，而在盐池左近的只有虞坂（黄帝时代这里或许还不叫"虞坂"，但"阪"的地貌已经存在）。这里是上古著名的盐道，也是河东通往中原的重要通道。后世假虞伐虢、伯乐相马等故事都发生在这里。"阪"既是虞坂，所谓"泉"，应当就是虞坂旁边山间的溪流，居高临下，古代可以通向盐池。"阪泉"应当指的就是这一带地方。当年蚩尤自东方来，双方争夺盐池最终在此决战，黄帝斩杀了蚩尤及其大批人马，血流成河，被九龙山间的溪流冲入盐池。由于血有咸味，又与卤色相近，故有"蚩尤血化为卤"的说法。后世为纪念蚩尤这位失败的英雄，就在不远处盐池岸畔建了蚩尤城来祭祀他。

"咸池"地名与"涿鹿""阪泉"地貌吻合，进一步表明黄帝战蚩尤的地点是在河东盐池。

第四，儒家"咸蒙德施"之说使得人们忽略了《咸池》反映黄帝蚩尤大战于盐池的历史本真面目。

《咸池》乐舞既是反映黄帝与蚩尤大战的作品，为什么长期以来得不到人们认识呢？这是因为黄帝时代过于久远，当时构建的文明"大厦"，被时间的洪流冲毁，肢解成"碎片"，有的沉没，有的散佚，只有极个别的被后人捡到了。这些"碎片"由于时代变迁，又乏文字记载，后来的人们已经弄不清它们是什么东西。于是只能根据自己的想象和理解对它们进行诠释，这就难免有错误。而大乐《咸池》正是黄帝文明"大厦"的一个重要"构件"，传到春秋战国时期，或许人们只知道它是

◎ 初识"盐文化"

一部乐舞的名字,而已经不大了解它的内容。此时的儒家正在建构上古时代的理想社会,他们根据周公礼制,推想上古圣王黄帝、尧、舜、禹,都各有一套大乐,用来对广大民众进行教化,于是把它解释为广施恩泽、教化庶民、"咸蒙德施"的样板作品。秦汉以后,儒家学说成为封建社会的主流意识形态,无人再对这种解释提出质疑和研究,因此3000年来作为唯一的解释,一直传到今天。另一方面,儒家尊黄帝为正统,鄙蚩尤为邪神,对其竭力贬低丑化,故又从黄帝蚩尤战于"咸池"的真实历史中,演绎出蚩尤"血化为卤""使万世之人食焉"的神话。作为反映黄帝时代文明的重要礼乐作品,《咸池》就这样蒙着儒家"礼乐教化"的旗帜让人们忽略了它叙述历史的一面,以至于后世之人久久不能得其本真面目。实践已经证明,古代儒家所构建的上古历史有不少是错误的,有些已为今人所纠正改写。《咸池》之乐几千年来遭遇误读,现在也应当是拨乱反正的时候了。

如前所述,今天我们研究《咸池》的内容、命意,只是想为黄帝蚩尤大战于盐池的说法找到原始依据,更多的标的则不敢奢望。但即或如此,要真正破解这样一个中华古文化的谜团,也不是这篇小文所能奏效的,需要更多的专家作更加深入的研究。这里仅提出一些粗浅的看法,以期抛砖引玉之效。

(2014年6月)

谯楼·钟楼·通惠楼

最近,市有关部门斥资对原运司署通惠楼进行了大规模修缮,为保护运城盐文化标志性建筑及老城风貌做了一件大好事。因为笔者一直关注此事,曾数次呼吁,现在夙愿得偿,甚感欣慰,不禁要为之"点"十分的"赞"。但同时发现一个问题,就是时下谈起通惠楼,许多地方都把它称作"谯楼",其实这是张冠李戴。

通惠楼不是谯楼,它是运司署(后来也是河东道署)的大门。之所以命名为"通惠",那是有说法的。自元世祖至元二十九年(公元1292年)立河东陕西都转盐运使司于路村,路村即成为盐务专城。及至延祐年间(公元1314年—1319年),"以淫雨败池",元仁宗孛儿只斤爱育黎拔力八达下旨"减免引钞十之六七,民怀帝德,更名'路村'为'圣惠镇'"。(《盐法志》)后"圣惠新城"于姚暹渠南兴起,首先建起了运司公廨,公廨门楼即名曰"通惠楼"。这里的"通"既有"传布"之意,又有"通达"之意;"惠"既特指"帝德""圣惠",又泛指"盐政惠民"。故"通惠"既是"通圣惠",即彰显(传布)皇帝体恤民情之"圣惠";同时也寓意"盐运通畅,惠及天下"。东汉时郑玄有弘扬儒学之"明德",丞相孔融为表彰他为其家乡山东高密建造

◎初识"盐文化"

了一座"通德门";元至元三十年(公元1293年)都水监郭守敬督凿通州潞河完工,元世祖忽必烈为之命名曰"通惠河"。"通惠楼"的命名,借鉴了这两个历史典故。郑玄有"明德",故其里间门称"通德";皇上有"圣惠",故此运司门曰"通惠"。"漕运通济,惠及黎庶",故名大都潞河为"通惠河";"盐运通达,惠及三藩",故名运司门曰"通惠楼"。"通惠楼"是老运城(元代称"圣惠新城")的标志性建筑,它的名称体现了城市命名的奥义。它位于全城政治中心区域的核心位置。如果把运司公廨比作北京的紫禁城,经国堂就是"太和殿",通惠楼就是"天安门"。事实上,市中心医院的老职工,过去就一直把通惠楼呼作"天安门"。

至于元代的谯楼,则是在今天钟楼的位置,它既为瞭望预警之所,又是"壶箭授时"之地。按照常规,古代谯楼一般都设在城门之上,但运城的情况比较特殊。运司公廨建起后,在数十年间未筑城墙,因而不可能用城楼来做谯楼。但盐政要地,商贾云集,预警、报时的设施又必不可少,于是在公廨附近筑起了一座专用的谯楼。《解州全志》引《盐法志》曰:"谯楼在司治之左。元延祐以来圣惠镇新城时,即有谯楼、钟楼。"运司署大门坐北朝南,"司治之左"就是司治之东,也就是今天钟楼所在地,当时是南、北、中三社交汇之处。另外,这里"谯楼"与"钟楼"并提,可见在建谯楼的同时还另建有钟楼。那个钟楼具体位置不详,从黄觉《圣惠新城记》把它和丰济库联称,称作"丰济钟楼"来看,有可能就建在丰济库左近。丰济库位于经国堂附近,是用作放置盐课税赋银两的国库,故旁边有可能建一钟楼备作预警之用。至正十六年(公元1356年),运使那海德俊筑起了运城城墙。此时已届元末,战乱蓬起,烽火连天,城门上的阁楼,便承担起瞭望预警的重任,而原来的谯楼则仍兼作报时预警之用。明天顺四年(公元1460年)运城始设巡盐御史,成化十年(公元1474年)御史王臣首建察院署于东街(今盐湖区政府所在地)。正德十四年(公元1519年),山东进士宋钺任巡盐御史,把原来的谯楼改建为钟楼。这就是《盐法志》所载"明正德己卯,御史宋钺重修,即以谯楼为钟楼。"万历七年(公元1579年)御史房寰又在察院之东建起了一座鼓楼。从此,钟、鼓二楼遥相对峙,成为运城的地标。每天有晨钟暮鼓报时,号令着城门启闭,也规范着市民的生活节律。

钟楼的钟声清脆洪亮,镛音远播,还留下一个美丽的传说。说的是明朝天启年间(公元1621年—1627年),运城有位官员梦见一位青衣妇人对他说:"我是彭城金鲸之妻阿童。在这里劳苦震警已经百年了,明天我就要返回彭城,特来告辞!"官员醒来不知道梦是什么意思。天亮后忽有鼓吏来报,说钟楼上的大钟撞不响了。他这才恍然大悟:原来昨晚是撞钟悬挂的木鲸托梦。于是安排传信的健卒:往东边追赶一位穿青衣的妇女,把我的名片交给她,然后扭头即返,不要回顾。健卒追奔30余里,果然见到一位青衣妇人,遂如所嘱而返。妇人是否随其后返回不得而知,但是到了当天晚上,钟楼的大钟又可以撞响了。此后钟声虽依然清脆悦耳,但只能传30里,过了追到妇人的地方,就听不见

◎初识"盐文化"

了。运城一带古称"郇瑕氏之地",故运城又有"郇城"之号。可能是由于这个故事的渲染,后来人们还把"郇城晓钟"列为"运城八景"之一呢!

(2015年)

重修运司署大堂的董崇仁

某日有事到市中心医院老院,远远瞭见放射科大楼修葺一新,光彩照人,不由眼前一亮,禁不住走过去瞧了个仔细。经国堂原本是盐运司署的大堂,与通惠楼同为运城盐文化的标志性建筑。相比之下,通惠楼早就破败不堪(最近已经全面修复),而经国堂却保存得比较完好,并作为医院放射科办公科室一直沿用至今。此次修葺亦只是做了一些维修彩绘,不像通惠楼那样落架起柱,大动干戈。为什么两处建筑状貌会有如此大的差异?这与它们的经历有关。

众所周知,经国堂和通惠楼在运司公廨中重要性都是举足轻重的。一如我在一篇文章中所说:如果把公廨比作北京的紫禁城,那通惠楼像天安门,经国堂就像太和殿。因此,它们是在元代初建运司署时同时建起来的,后来屡次修缮也大体同步。问题是1911年12月辛亥革命光复运城时,经国堂被陕西民军烧毁,次年得到了修复,而通惠楼没有被毁也就失去了一次修缮机会,故而后来一直显得比较破旧。修复经国堂的人是民国初年一位晋南镇守使,名叫董崇仁。说起此人还要牵出河东一段近代史来。

◎ 初识"盐文化"

董崇仁，字子安，出身于定襄县一个富商家庭。早年曾在北京经商，与袁世凯颇有交情，而阎锡山的父亲阎书堂也做建筑生意，故与董家也有交往。1911年辛亥革命爆发，山西很快响应。10月29日，新军管带姚以价率部攻下了省抚台衙门，并击毙巡抚陆锺琦，宣告了清王朝在山西的统治的终结。而首鼠两端、骑墙观火的阎锡山却操纵议会当上了山西都督。此时，清廷任命袁世凯为内阁总理大臣，令其北上镇压革命。而新任山西巡抚吴贞禄恰是民党人士，他率军抵达石家庄后，与山西民党联络，拟共同阻断袁军北上。袁世凯收买刺客刺杀了吴贞禄，而后派清军第三镇卢永祥部攻进娘子关。阎锡山十分恐慌，匆忙率都督署一部人马北走绥远，副都督温寿泉则率另一部人马南下运城，建立了河东军政分府。不久南北议和，清帝逊位，袁世凯做了民国大总统，不承认山西为光复省份，并要制裁阎锡山。阎自绥远返回途中滞留忻州不敢回太原，遂派亲信赴北京向袁表示忠心，最终得到原宥，才得以重返太原就任。所派的亲信中就有董崇仁。1912年8月，运城的河东军政分府宣布撤销，温寿泉等亦返回太原，留任的张士秀任河东观察使，李岐山任山西第一混成旅旅长。阎锡山得到袁世凯的支持，一面对亲信大加封赏，一面对晋南的民党人士大加排斥。即如董崇仁因赴京斡旋有功，被封为陆军中将；而率兵打仗有功的李岐山则仅封为少将，功劳最大的太原起义总司令姚以价（河津人）则被赶出了山西。1913年初，阎锡山派亲信南桂馨来河东筹饷，南借机挑拨离间，策反李岐山的部下，意欲夺军权取而代之。南与太原阎锡山往来函电被拿获,张、李遂将南抓捕拷问。阎锡山急电袁世凯,称张、李二人"逞兵作乱,危害民国"。袁看到民党人士内讧大喜,遂令晋、陕、豫三省出兵围剿张李。时任晋南镇守使的张起凤(临晋人,驻节临汾)和陕西民党人士,都是张、李二人的好友,反对袁世凯,不肯出兵。袁只好派河南毅军统领赵倜带兵过河将二人押解北京,关进陆军监狱。这就是民国初年轰动全国的"河东张李事件"。1913年2月6日阎锡山借机解除了张起凤的职务,任命董为晋南镇守使,驻节运城,统辖军事。

董崇仁到运城就任后,就住在李岐山旅部驻节之地原道署衙门里。但一年前辛亥革命中运城光复,河东民党人士请来助战的陕西民军纪律很差,在攻占道署后,一把火将经国堂焚毁。董看到办公的地方破破烂烂很不雅观,加之他原本是作皇家园林生意的,在古建方面很是内行,于是首先划拨银两对大堂进行了重修。在原有基础上,大堂的框架没有变,依然是歇山顶,两庑,并适当加以改造,增添了一些时尚的元素(现在保留的圆顶立窗,有西洋建筑特点,似乎就是当时新添的)。因此,景梅九1934年主编的《安邑县志》称赞说:"(运司署)民国二年为董子安镇守使署,并复建大堂。规模虽未扩充,形式较前时样。"修复施工应当在1913年春天董到任后不久,完工大约在当年夏秋了。

然而依据清朝旧制,晋南镇守使原本是驻节平阳的。于是到了1915年7月,镇守使署又从运城迁往平阳,时任河东观察使(道尹)的马骏又移驻于此,经国堂再次成为道台衙门

◎初识"盐文化"

的大堂。民国十七年,全国废除道尹制度,这里又成了盐运使办公的地方。

1917年原陕西民军将领郭坚带兵从夏阳过河骚扰河东。作为镇守使(相当于军分区司令)的董崇仁不敢出征,便派其参谋长米佩菜与郭谈判,相约"互不侵犯"。郭坚看透了董不愿打仗,更加有恃无恐,变本加厉,竟长驱直入,占领了临晋县城等地。而此时董崇仁却忙着在平阳城里为母亲祝寿,排场搞得很大,不仅派人去定襄接老母,还亲自率领兵士到灵石恭候。消息传到太原,阎锡山十分震怒。加之头一年袁世凯已死,阎再无顾忌,遂下令将他一向敬重有加的"老叔"董崇仁免职,调回太原任督署顾问,而另派心腹张培梅接任晋南镇守使。从此董心灰意冷退出政坛,一门心思去经商。此后他凭着在京津及太原各地的关系,生意倒也做得顺风顺水,除继续搞古建外,据说在京津沪汉粤陕晋各地开的大小商号竟有72家。董在北京名气很大,人称"虎商",意思是当过"将军"的商人。1937年侵华日军将忻州董家庄园烧毁,董家的生意也日渐衰败。1948年董崇仁逝世,终年78岁。

董崇仁在运城待了不到3年,时间不长,在当地的宦绩见诸文字记载的不多。唯一有记载的就是修复了盐运司署大堂,而且建筑质量甚好,这不能不说是为地方办了件好事。

顺便说明,年初热播的电影《黄克功案件》中的女主角刘茜就是董崇仁的孙女。刘茜原名董显月,在太原存仁女中读书时写文章化名为"刘茜"。她追求进步、向往革命,背叛封建官僚家庭,奔赴延安,抗日救国,16岁就加入了共产党。但不幸因恋爱问题而遇害,令人不胜惋惜。所幸党中央、毛主席支持坚决依法处决了凶手,彰显了公平正义,稍可使人感到欣慰。据相关资料介绍,董崇仁思想守旧,对儿女管教甚严。主张儿女读私塾,反对上洋学堂,说是害怕年轻人学坏了。其子董晋魁(刘茜之父)在北洋大学读了两年书,硬是被他拉了回来帮他打理生意。儿子携带一家三口从定襄老家出走,到太原租屋另居,董崇仁一气之下断绝了儿子的经济来源。对孙女刘茜参加革命,他当然更不会支持。一个曾身为清朝皇商、民国权贵,有浓厚封建意识的人,他不能与时俱进,这并不奇怪。

(2015年1月)

◎初识"盐文化"

盐池与海

河东盐池,"国之大宝也"。历史悠久,驰名世界。据说从黄帝轩辕氏时代这里就开始产盐。在漫长的封建社会里,河东盐税是国家财政收入的一个大项。据《新唐书·食货志》记载,在唐代宗时期(公元762年—780年)每年河东盐税达150万缗,约占全国财政收入的1/8。今天,河东盐池已成为我国重要的化工原料基地。那么,在这黄土高原东南的脚盆里,为什么会形成这么一个"宝池"呢?我们不妨从盐池的古称作一个分析。

河东盐池,古称"渤澥"。"渤澥"也写作"勃澥"。按照裴骃集解《史记》时引《汉书音义》的解释:"'勃澥',海别枝名也。"意思是说"勃澥"即是海的一部分。司马贞《史记·索隐》则引《齐都赋》作进一步解释说:"海旁曰勃,断水曰澥也。"这就讲得更清楚了:所谓"渤澥",原来就是紧邻大海的"断水"(湖泊)。这种说法对盐池的"出身"是一个很好的注解。

地质考古学家发掘表明:距今3.5亿—2.8亿年前的古生代石英纪,华北大平原尚未形成,河南、山东广大地区还是汪洋大海。今天的平陆、芮城、三门峡一带,是黄河的入海口,运城盐池也是浅海区。后来到了距今1.95亿—1.37亿年前的侏罗纪后期,发生了造山运动,中条山脉由地壳内部突兀崛起,从而把盐池这一片浅海区和大海割离开来,使海的这一部分成为一个内陆湖泊。由于海水含卤,可以晒盐制硝,于是形成了盐池。而中条山以东浅海区,由于黄河冲积的泥沙覆盖,便逐渐形成了冲积平原。这就是今天的华北大平原。

由于盐池最初为海的一部分,所以古代又称作"鹾海",盐池边上则称为"海隅"。古籍称黄帝大臣风后为"海隅"人,今人则确指"海隅"为盐池西端的解州社东村。盐池卤水取之不竭,当地人传说池中有"海眼"与大海相通,所谓"神工所凿,海窍通之"。《解州全志·艺文》亦曰:"凡池皆水,独此池之水其味咸,鳞介不育;其性温,隆冬不冰。或曰:此海眼也。""海眼"之说有无科学道理不得而知,但由此亦可以看出盐池与大海的关系。

(1991年)

回眸"老运城"

◎回眸"老运城"

运城始建于何时？

运城始建于何时？地方志上有三种说法。

一种见于清人鲍道明《卫民祠记》："运司有城，自至元二十九年始。""至元"为元世祖忽必烈的年号，"至元二十九年"即公元1292年。

一种见于元人黄觉《圣惠镇新城记》"至正丙申夏"，那海德俊奉敕总河陕盐使，"下车日访民所戚，莫先城事"，便向皇室请准建城，秋八月开工，至冬末筑成。"至正"为元顺帝年号，"至正丙申"为公元1356年。

还有一种说法为"至正二十九年"。如康熙版《平阳府志》卷之七城池即说："运司，元至正二十九年运使那海建，名凤凰城。"乾隆版《解州全志·安邑运城志》亦说："运城周围九里十三步，计一千七百丈，高二丈，池深七尺。元至正二十九年那海德俊建，名凤凰城。"《安邑县志》似乎也倾向于这种意见，但较为谨慎，采取了存疑的态度，载为"元至正廿九（十六）年，运使那海德俊建，名凤凰城"。

其实，这第三种说法即所谓"至正廿九年"，仅是一种推测，并无文字记载的依据。而在此前一年即至正廿八年（公元

1368年)朱元璋已在南京登基,明王朝已正式宣布成立。处于风雨飘摇中的元朝皇帝,虽然还未弃守河东,却绝对是无暇也无力再为盐务耗神费资去建城。而与此相反,鲍道明所说"至元廿九年"和黄觉所说"至正十六年"却各有一定道理,只是所说"城"的概念不同,两者并不矛盾。

考古代对河东盐政管理,各朝略有不同。自唐代起,盐官分驻安邑、解县两县城,分别管理东、西两池盐务。这种办法一直沿袭到北宋末年。元朝建国之初,盐官主要驻在解州,统管东、西两池。元太宗窝阔台采纳了丞相耶律楚材的建议,委任姚行简为解盐使,负责修理盐池损坏处所。姚行简绘了地形图,建议将盐使司自解州迁往路村,并募集了千余户人家,作了规划,营为聚邑。时间应为太宗癸巳年(公元1233年),至丙申年(公元1236年)。这就是《河东盐法备览》所说的:"元太宗时,姚行简绘图献议,始立司于池北之路村。"到了元宪宗蒙哥癸丑年间即公元1253年,忽必烈西征大理,为了以盐课保证军饷,于京兆(今西安)成立了"从宜府",管理盐务。后于元世祖忽必烈中统二年(公元1264年)改"从宜府"为"陕西都转运使司",管理陕西、河东钱粮征缴及盐务转运等政务。而在这一段时间,"仍置盐司于路村"。由于路村此时尚为弹丸小镇,地居荒野,司防太差,盐务管理产生了许多弊端,"行中书省病之"。在此情况下,至元二十年(公元1283年)朝廷又派选前任经略司经历吴从仕前来主持盐政。吴到任后,"究弊源,主新政,首以复迁解州为便"。吴又把盐司迁回解州,使盐政恢复正常。元人王利用《复立解州运司碑》记

◎回眸"老运城"

载了这件事情的经过。此后,又过了9年,到了至元廿九年(公元1292年),朝廷下令将"陕西都转运使司"改为"河东陕西等处都转运盐使司","徙置路村,罢解盐使司"(见至治元年即公元1321年立《池神庙碑》)。从这个时候起,随着运司名称改变,其职能也由原来统管陕西全路钱粮谷物征收、转运和仓库出纳,而变为专管盐务转运行销;且将运司正式迁往路村,而撤销了解州原来的盐使机关。路村遂成为全国唯一的盐务专城,此后运司再也没有迁徙。清人鲍道明《卫民祠记》开头所说"运司有城,自至元廿九年始",指的就是这次命名和搬迁。而文章所谓"运司有城"是指运司有了自己办公的专城,改变了寄人篱下的状况,而不是指路村有了城垣。故《盐法备览》说:"延佑间,仁宗以淫雨毁池,减免引钞十之六七,民怀帝德,更名路村为圣惠镇。时犹未有城也。"这时还没有城垣。

由"路村"更名为"圣惠镇"是延祐六年即公元1319年的事情。此后,镇容日逐扩大,呈现出一派繁荣的景象。据元人黄觉《圣惠镇新城记》曰:"载葺庙貌曰池神、曰学宫、曰三皇,以谯楼、馆传、场廒(仓库),隶属之所,靡不备具。万商辐辏,室家联翩,楼阁辉映。"唯一不足之处是没有城墙,无法防御天灾人祸。彼时中原扰攘,盗贼横行,多次劫掠河东,镇上商贾屡遭惊扰苦不堪言。元朝廷为了保证盐税收入,以支持对明的战争,于至正十六年(公元1356年)夏,派皇室那海德俊总河陕盐使。那海甫到任即以商民无城垣御捍为患,向朝廷请准建城。经过短暂的规划准备,投入兵员2500人,民工多

不计数,于当年秋8月开工至冬末筑成。这就是《盐法备览》所说:"元末,运使那海德俊再迁圣惠城,筑凤凰城以资保障,而运治始立。"当时"城周九里十三步,广袤各四之一,高二丈四尺,厚丈余"。至此,一座新城规模粗具,只是当时还不叫"运城"而更名为"圣惠新城",俗称"凤凰城"。

"圣惠新城"虽有城池规模,但仍属草创。城墙没有用砖砌,还是个土围子,且四面有门却没有瓮城,也未建城楼。此时已届元末,农民起义烽火迭起,元朝统治者已无暇顾及盐城建设,工程遂辍止。

运城城垣之完善,大量的工程在于明清两代。对此《河东盐法备览》及《解州运城志》、《安邑县志》都有详细记载。大略是,明天顺二年(公元1445年)盐运使马显重修了城墙。正德六年(公元1511年)御史胡止为御盗匪将城墙增高数尺,将原先五个城门改作四门:东曰"放晓",西曰"留晖",南曰"聚宝",北曰"迎渠",然犹未加砖石。至嘉靖二年(公元1523年),御史卢焕砖砌了东城,四年(公元1525年)御史初杲砖砌了西城,十二年(公元1535年)御史余光砖砌了北城,十五年(公元1538年)后御史沈铎、何琼、陶谟相继砌了南城,并修四门重楼,于城角各筑望楼。至此运城之"城"方告完备。至于城名何时改作"运城",估计当在明初洪武年间。彼时新旧更替,朱明王朝颇以胜朝之名为忌,当然不会承认什么元朝皇帝的"圣惠",故以其为运司所居之城,称作"运司城",简称"运城"。

运城的城墙今天已彻底消失。随着城市规模的扩大,原

◎回眸"老运城"

来的城墙遗址已扩展为繁华的大街,东、南、西三面更名为环城路,北面则改为河东大道。继1993年改为县级市后,2000年10月运城再次升格为地级市,城市面貌正发生日新月异的变化,向着现代化城市迈进。祝愿有着600多年历史的古城再造辉煌!

(2001年)

再说"运城始建于何时"

拙文《运城始建于何时》刊出后,意犹未尽,觉得有些问题尚需作进一步阐发,因撰此文。

"运城始建于何时",从标题看可以从两方面来理解:一是"运城"作为一座盐务专城始建于何时;二为运城之"城墙"始建于何时。正如拙文所论,作为盐务专城,运城始建于至元廿九年,即公元1292年;而运城之城墙则始建于元至正丙申,即公元1356年。或许有人要问:作为盐务专城,元太宗时盐使姚行简绘图献议,迁盐司于路村,时在丙申(公元1236年),可否算作运城之始建?回答是:宽泛点讲当然也可以算。然而须知,路村其时仅为一弹丸小镇,尚无城之规模,此其一。其二,从太宗丙申(公元1235年)到至元廿九年(公元1292年)57年间,运城的盐司时存时废,尚不稳定。如元宪宗中统二年(公元1261年)忽必烈西征大理,为以盐税保军费,立"从宜府"于京兆(西安),直属中书省管辖。"后罢从宜府为陕西都转运使司",此时解盐司继续存在,大概成为从宜府和都转运司的一个下属机构。至元廿年(公元1283年)吴从仕主持盐政,于公元1285年又将盐司迁回解州,直至至元廿九

◎回眸"老运城"

年陕西都转运使司"改为都转盐运使司",由京兆(西安)"徙置路村,罢解盐使司",二者合而为一,此后河东陕西盐运使司一直设在路村,这里才真正成为全国仅有的直属中央管辖的盐务专城。其三,路村一带原本早就是解盐集散地,战国时期魏国的盐氏城和汉代的司盐都尉都在这里,以此推算,路村作为盐邑之始当在春秋战国或者更早的时期了。但那是路村或是运城的前身,远远不是作为盐务专城的"运城"之始建。正如《河东盐法备览·运治门》所说:"先是运治未建时,历代虽有榷估之政,而咸入少府,或归大农,或隶度支。即行榷之吏大约分摄于军州,郡邑之淬幕,未置专廨。"故作为盐务专城之建立,运城始建立仍应以"至元廿九年改为都转运盐使司,徙置路村,罢解盐使司"为当,而此后数百年盐司再未徙废。

为什么认定城垣之建始于元至正十六年,而绝非至正廿九年?

第一,"至元廿九年"说出自康熙版《平阳府志》和乾隆版《解州全志》,而两志的这一说法又出自何处呢?《平阳府志》曰:"运司,元至正廿九年运使那海建,名凤凰城。"没有注明出处。而《解州全志》则曰:"运城周围九里十三步,计一千七百丈,高二丈,池深七尺。元至正廿九年那海德俊建,名凤凰城。据元黄觉记。"看来两志的说法均出自元人黄觉《运使那海嘉议筑圣惠镇新城碑记》无疑。而这篇碑文见于《山右石刻丛编》,它翔实记载了那海筑城与立碑的经过。碑文却是这样说的:"至正丙申(公元1356年)夏,上擢章佩监卿那海德俊衔嘉议大夫命总河陕盐院",下车伊始,"访民所戚,莫先城事"。于是"走伻请于朝",获准建城,"经始八月已巳,迄工季冬之末"。"越明年三月,镇耆士韩政、周士敏、乔圭、马显祖偕二十人,相率而诣余曰:'我使向以无城隍之故,劳心勤思,蹙民所戚而戚之。今城已完薇,而衣被实惠,将识兴建之功,铭之贞石,以示方来,请子文以记之。'"于是黄觉乃"摭其实而书之"。时在"大元至正丁酉(公元 1357 年)四月朔"。这就再也清楚不过地说明了,运城城墙始建于至正丙申(公元 1356 年)八月,至冬末竣工。而黄觉则是应本镇耆老之请,于次年(至正丁酉,即 1357 年)四月撰写了这通碑文。"平阳""解州"两志既然是"据黄觉所记",那筑城时间只能是元至正十六年,而不应是至正廿九年。

或许有人会问:"运城之城墙会不会始建于至正十六年而成于至正廿九年呢?"此说亦不可能。

第一,如上所述,黄觉文称,城垣之筑"经始八月已巳,迄工季冬之末",当年即已完成。且其所筑城墙长度,"总其陴墉,凡一千七百丈","其为门者有五"。这说明当时城墙已筑成,虽然还是个土围子,未砖甃,而其轮廓已与后来所说"九里十三步""门五"大体相同,故不可能有持续 13 年之修。

第二,盐使历为肥差,所任职者多不过 3 载,那海虽为皇族宗室,亦不可能在此位滞留达 13 年之久。至元廿九年,那海早已不在盐使任上了。据《河东盐法备览》卷之三盐运使"历任题名"载,元至正年间任盐运使的先后有那海德俊、高昌间阔、护廪实、邓立中、卜颜帖木儿等六人。其中明确记载,

◎回眸"老运城"

任职在丙申年之后的有两位,一位是邓立中"至正壬寅任",时在公元1362年,一位是卜颜铁木儿,"至正癸卯任,严缉私贩,课额充足。盐丁捞采,不许衙役侵扰;修筑渠埝,不许豪猾幸免"。时在公元1363年。其余姑且不论,仅据此两任任职时间来看,那海德俊在盐使职位最多只待了6年,并没有任职到至正廿九年。故两志既认为城筑于"至正廿九年",那就不可能是那海所筑;反之亦然,既认为城系那海所筑,那绝不能是至正廿九年,只能是至正十六年。二者必居其一。

第三,依据当时政治军事形势看,运城之城垣不可能建于至正廿九年。如前文所述,至正时已届元末。至正廿八年正月初一,朱元璋已在南京登基,宣布大明王朝开国,改元"洪武"。此时河东尚未弃守,是由于元朝大将扩廓帖木儿还驻守在晋宁(平阳)。据《元史》记载,这年闰七月,"甲子(廿六日)扩廓帖木儿自晋宁退守冀宁(太原)","八月庚午(初一),大明军入京城,国亡"。《明史·太祖本纪》:洪武元年(至正廿八年)"十二月丁卯(初一)徐达克太原,扩廓帖木儿走甘肃,山西平"。至于河东运城何时为明军所得,正史没有明确记载,但据《明史》太祖本记载,"洪武二年(至正廿九年)"正月庚戌(十五日)诏曰:"顷者,大军平燕都,下晋,冀,民被兵燹,困征敛,北平,燕南,河东,山西今年田租亦与蠲免。"以此可知,在上一年即至正廿八年闰七月,扩廓帖木儿由平阳退兵太原时,河东已为明军所有。既如此,怎么能在至元廿九年再修运城城垣呢?

说到这里,还有一个问题需要顺便提及,这就是至正丙申间那海筑城何以如此紧迫？关于这一点，元人黄觉《圣惠新城记》中亦有记述，谓延佑以来，路村改为"圣惠镇"后，城镇建设有了很大发展，市场十分繁荣。然而"惜乎散漫纵横，四无山蹊城郭之固，加以河南口群口不轨之徒，猖狂恣逞，所至残灭，合镇之民用是屑旰蹙额"，那海任盐使后，"访民所戚，莫先城事。公乃喟然叹曰：民维邦本，本固邦宁。岂可以无城隍恃守之故而寝食不安重戚吾民也！乃走伻请于朝"。这里隐含着一段重要史实。原来元末农民起义蓬起，刘福通率领的红巾军，丙申初曾自陕西渡河，攻占平陆，袭掠安邑，后虽为元将察罕帖木儿所败，而镇上商民受其惊扰，犹惶惶不安。关于这一件事，《平阳府志》《解州全志·安邑县志》均有反映。见诸《平阳府志》的在"祠祀"篇："夏县朱吕村有乃蛮公生祠"，谓察罕帖木儿"于地方有保全捍御之功，邑人立祠祀之"。《安邑县志》"军政略"记载较为详细，曰："元至正十八年，盗发汝、颍，焚城邑，杀长史，陷陕州，渡河陷平陆，掠安邑。中书兵部尚书察罕帖木儿追袭之，蹙以铁骑，贼回扼下阳，赴水死者甚众。相持数月，贼皆溃遁。"这段文字把事情的来龙去脉写得很清楚了，可惜小有笔误将"至正十六年"误记为"至正十八年"了。事件见诸正史的则在《元史》察罕帖木儿传："（至正）十六年……贼西陷陕州，断崤函，势欲逼秦晋……察罕帖木儿夜提兵拔灵宝城，守既备，贼始觉，不敢动，即渡河陷平陆，掠安邑，蹂晋南部。察罕帖木儿追袭之，蹙之以铁骑。贼回扼下阳津，赴水死者甚众，相持数月，贼势穷，皆遁溃。"由此可见，那海德俊当时急于筑城之直接的原因，是为了捍御农

◎回眸"老运城"

民起义的袭扰。由于这是一件有着十分重大政治和军事意义的事情,故经皇帝批准调动兵士2500余,动员民工不计其数,突击筑城,不到半年时间就筑起了长达九里十三步的运城城墙,虽然还是个土围子。

此外,上述问题的讨论,不可避免地要涉及如何看待地方志书的问题。按常理说,地方志是当地人记当地事,"时近易赅,地近易真",所载内容应该比较可信。尤其像《平阳府志》,系由孔尚任担任总纂,是名家名志,《解州全志·运城志》更是运城人记运城事,两者都有着不容置疑的权威性,为什么还会出现如此错误呢?这是因为古代地方志的编纂,或者由于掌握资料有限,或者编者缺乏严谨治学精神,或者有所顾忌,或者由于感情用事、隐恶扬善、喜好攀附,等种种原因,不少地方志书中都有许多疏误之处。不仅《平阳府志》《解州全志》中有此失误,即如乾隆版《蒲州府志》中记载普救寺为五代后因郭威破李守贞卜卦应验而得名,实则唐人元稹《莺莺传》传奇中已明确记载"蒲之东十余里有僧舍曰普救寺",撰志者不可能没读过《莺莺传》,而居然出了这样常识性的错误。可见史志编纂之粗疏。因为这个原因,严谨的学者治史时,多不轻易采信地方志书上的材料,即或要用也要再作严格考核。具体到运城筑城时间之误,很可能还有一个原因,那就是把"至正"和"至元"搞混了。如前所述,至元廿九年上谕"徙置路村,罢解盐使司",路村从此成为盐务专城。编撰者可能将设专城与筑城垣混为一谈,"至元"和"至正"混为一谈,将"至元廿九年"设盐务专城误为至正廿九年筑建城垣了。这

识读运城·古中国

从客观上讲,有元一代年号用"至"字的太多,计先后有"至元""至大""至治""至顺""至正"。而元顺帝除了"至正"外,还有一个与元世祖同样的年号"至元"。前者长达31年,后者只用了6年便改为"至正",而这一点,很可能是造成这一错误的一个十分重要的原因,甚或是最重要的原因。

(2005年1月)

◎回眸"老运城"

"凤凰城"得名的由来

运城在元代建城后不久,曾有过一个美妙的名字,叫"凤凰城"。这个名字的来历地方史志未见记载,可谓湮闻已久。只是近几年发掘传统文化热潮兴起,"凤凰城"才又回到人们的口头和笔下来。

当初为什么将运城称作"凤凰城"呢?说到底与舜迹有关。

上古时代人们十分重视"乐"的教化作用,把音乐看作是一个国家文化、礼仪最突出的标志。因此历代君主都创制有自己独特的音乐。其中舜制作的音乐叫《韶》,"取绍(同韶)继尧道"的意思。后世对此评价甚高。孔子曾称赞它"尽善矣,又尽美矣";《新语》等书还有孔子"闻《韶》乐,三月不知肉味"的记载。先秦最古老的典籍《尚书·皋陶谟》则说:"箫韶九成,凤凰来仪。"意思是说,《韶》乐九段演奏时,凤凰也飞来朝贺,翩翩起舞。传到后世,"有凤来仪"几乎成了舜迹的代称。许多有舜迹的地方都以"凤凰"命名。运城西北的鸣条岗,由于舜的陵墓,故后人一度将其改为"凤仪岗"就是一例。

那么,运城附近是否有舜迹呢?有。《韩非子·外储说左上》说:"昔者舜鼓五弦,歌《南风》之诗而天下治。"舜建都于河东,据当地的传说,舜歌《南风》的地址就在盐池边上。"南风之薰兮,可以解吾民之愠兮;南风之时兮,可以阜吾民之财兮。"据《解州全志》载:宋人张杲之《题迎薰阁》诗已有"风生舜弦古"句;张同题诗亦有"解愠风南来"之句。明代文人张瀚在《松窗梦语》中也说:"蒲州为古蒲坂,为虞帝都。盐池所产为形盐,又曰解盐。不俟人工煎煮,惟夜遇南风,即水面可冰涌;实天地自然之利。大舜抚弦歌《南风》之诗,'可以阜财'正指此也。"近代景梅九先生纂修的《安邑县志》,也认为《南风》之诗是为盐池而作的。

这个说法大概起源很早。据方志记载,池南中条山有"凤凰谷",池北卧云岗又名"凤凰原"。而在始建于唐代大历年间的"宝应灵庆公祠"(俗称"池神庙")中,后人就根据这一传说建有"歌薰楼",确指当地是舜弹琴处。到了元初运城营就,最初名为"路村",后延祐年间盐池遭洪水侵袭,仁宗减免盐引十之六七,"民怀帝德"遂更名为"圣惠镇"。元末盐使那海德俊筑圣惠新城时,可能由盐池岸畔的舜迹联想到"有凤来仪"的典故,便刻意将城垣筑为凤凰凌空欲飞之形。计筑城门五:南为凤头,东西门为凤之双翅,北门二为凤之双爪,"圣惠新城"于是又称作"凤凰城"了。

从今天当地人有解释"解州"取义于"解民之愠","阜巷"取义"阜民之财"的说法来看,舜歌《南风》的传说确实对"凤凰城"的建设与命名起了关键性的作用。

(1991年)

◎回眸"老运城"

中华第一村——路村

亚运会期间,记者报道了北京的"亚运村",称之为"中华第一村"。没的说,那个"村"够大,够派,够水平,是高标准的"中华之最"。可是今已鲜为人知的是,在清末民初也有过一个"中华第一村"。这个"村"不在别处,就是现今河东的首府,当地人称作"路村"或"路村城"的运城。

著名作家李健吾先生在他的小说名篇《终条山的传说》中记载了这个说法。小说记载了河东妇孺皆知的"牛家院"故事,谈到了盐池,接着写道:"北边不远便是中国四大村之一的路村——运城,一个很繁华的镇市。"据我所知,李先生所说的"四大村",并不全是以"村"命名,其实是村、庄、集、镇四种建制较县城为小的聚落的统称,而以"路村"居其首。它们分别是:中国最大的村——路村;中国最大的庄——石家庄;中国最大的集——符离集;中国最大的镇——景德镇。可以看出,这一组"中华之最"都与名产有关。路村的盐为"国之大宝"自不必说,石家庄为交通枢纽,附近井陉的煤闻名遐迩;符离集为皖北古邑,烧鸡堪称一绝;景德镇位于赣东,瓷器名冠天下。据此分析,这一说法大概最早出自商贾,尔后约定俗成遂为市井所公认。运城是在路村基础上建立起来的,运城被称作"路村""路村城"是沿袭了旧称。那么,这个路村位于何处呢?就在姚暹渠北,今面粉厂至火车站一带。可能当时该村姓路的人家居多,故名之曰"路村";后新城在渠南筑起,部分路姓移居城内,于是又有了一条"路家巷"(今解放路)。当然所谓"中华第一村",指的已不是姚暹渠北的那个路村了,而是渠南的运城。

运城之所以能入选"中华之最"与它的"大规模、小建制"有关。运城是全国仅有的一座盐务专城。它的城墙一周长度为九里一十三步,规模与解州相等。清末人口已多达数万之众,市面繁华热闹,非一般州、县可比。但由于它在相当长的时间里仅仅是个经济中心,而不是政治中心,行政级别甚低,因而不仅受辖于解州,而且隶属于安邑县。名为"城",而论建制规格,只相当于一个"村"或"镇"。如此"大规模、小建制"为全国所仅有,更何况原来的名字就叫"路村"呢!

当然今日之"四大村"都已非昔日可比。石家庄还凭着奇特的历史性机遇和交通的优势,赫然崛起成为河北省会。"路村"的发展也令人刮目相看,规模之大,人口之众,为前所未有。只是还需努力发展经济,克服"村气",不断提高文明程度,只有这样才能跟上时代步伐,才能无愧于昔日"中华第一村"的美誉。

(1991年)

◎回眸"老运城"

是"路村",不是"潞村"

几年前运城城区搞规划,在黄河大厦至火车站一带辟出一条大道,名曰"路村街"。老年人在此路过,每每会勾起对运城久远历史的回忆。但不知什么原因,路标、站牌却一律写成了"潞村街"。

我们知道,运城的前身是"路村",因而俗称"路村城"。老路村的位置就在今市区黄河大厦附近,是由于路姓人家聚居于此而得名。元末,圣惠新城(运城)在姚暹渠南筑起后,该村居民移居城内,城内直通路村的一条大街即被冠名为"路家巷"(今称解放南路)。因此,如同姓"路"不能写作姓"潞"、"路家巷"不能写作"潞家巷"一样,路村只能写作"路村"而不能写作"潞村"。

路村作为聚落,不知初建于何时,其名见载于碑文者则始于金末元初。至元廿二年(公元1285年)河东按察使王利用《复立解州运司碑》云:"解州恃盐醯之利,世为名郡,故曰丰宝军,亦曰兴宝军。曩者主盐之官与州有隙,遂置司于路村,以至闾井萧条,居民鲜少,于今五纪。"这是迄今可看到的较早有关"路村"地名的记载。此后,至元廿七年(公元1290年)撰,

刻于至大三年(公元1310年)的《新建解盐司历年增课记》碑文亦曰："至元七年,为移盐司事,尚书省付札户部……得设解盐司。既是,路村设置三十余年,廨宇仓库料堆俱备……"至治元年(公元1321年)所立《盐池神庙碑》亦曰："我圣朝之开创也,太宗英文皇帝,百度肇新,丞相臣耶律楚材以经费为名,荐姚行简为解盐使,置司于路村","至元廿九年改为都转运盐使司,徙置路村,罢解盐使司。"至正十七年(公元1357年)黄觉《圣惠新城记》曰："丙申(公元1233年)祀,姚行简绘盐池之图献议太宗皇帝,上可之。乃芟莽荑榛,立盐司于池之北浒曰路村。"这些碑文都是当地关于"路村"最早的文字记载,且都一无例外书作"路村"而非"潞村"。明洪武三年(公元1370年),由著名学者宋濂主持修撰的《元史·食货志》亦曰："河东之盐,出解州盐池。……中统二年初,立陕转运司,仍置解盐司于路村。"这是"路村"之名最早见于正史的记载,其中亦写作"路村"而非"潞村"。可见"路村"的写法从一开始就是定了型的。

"路村"之所以被今人误写为"潞村",可能是受了"潞池""潞盐"写法的影响。我们知道,运城盐池西周时被称作"鹽池",《山海经》中称为"盐贩之泽"。秦汉以后设河东郡,郡治安邑(在今夏县禹王城),称盐池为"河东盐池""安邑盐池"。五代末置解州,宋金设盐司于州,故称"解州盐池",简称"解池",所产之盐称为"解盐"。元代于路村筑盐务专城,运司由解州移驻于此。故明清以降,盐池始有"路村盐池""运城盐池"之称(典籍仍有沿袭"解州盐池""河东盐池"旧名的)。而

◎回眸"老运城"

为了简化,"路村盐池"又省称为"路池",盐则称为"路盐"。由于盐生于水,故市井好事者,遂将"路池""路盐"加上"水"字旁,写作了"潞池""潞盐"。此写法于清代大行其道。清末民初,运城的盐业商会即称"潞盐公会"或"潞纲总会"。严格说来,将"路"写作"潞",属画蛇添足,大可不必。不过,地名学讲究约定俗成,"潞池""潞盐"之类写法既然已经存在了几百年,今天继续沿用当然亦无不可。但是如若进一步推而广之,将"路村"写作"潞村",那就是本末倒置,就离谱太远了。如其不然,试将"解池"写作"瀣池","解盐"写作"瀣盐",再将"解州"写作"瀣州",你会是什么感觉,是否会觉得有点荒唐?

市井将"路盐"写作"潞盐",除了盐生于水的原因外,还有可能是受了"潞绸"之名的影响。我们知道,明清山西人经常将运城的"潞盐"与上党的"潞绸"并称为名产。然而须知,"潞绸"是因产于"潞安""潞州"而得名的。而"潞安""潞州"皆源于西周初年之"潞氏"。"潞氏"为古赤狄部落,《左传》宣公十五年载:"六月癸卯,晋师灭赤狄潞氏,以潞氏婴儿归。"《汉书·地理志》上党郡:"潞,故潞子国。"可知"潞绸"之"潞",原本就是写作"潞"的,三点水不是后来加上去的,"路盐"则不然。虽然人们常将"潞盐"与"潞绸"并提,但此"潞"非彼"潞",作为地名二者原本就不是同一个字。如果向"潞绸"靠拢,将老祖先的"路村"也写作"潞村",这样就出大笑话了!

"路村"是运城的"小名",她保留着城市的早期记忆。河东古代只有"路村",没有"潞村"。如果城市的路牌都搞错了,那将是对运城人自己的嘲弄。 (2005年1月)

留住"老运城"的记忆

纪念撤地设市 10 周年,《黄河晨报》发起评选"运城十大新地标"活动,得到广大市民的热切关注,积极参与。这是对新世纪以来运城城市发展成就的一个很好展示,有着非同寻常的意义。

建筑是城市的躯干,地标是城市的表征。运城自元代建城以来,经历了 700 多年漫长的发展时期,城市设施从无到有,不断完善更新,每个时期都有其可以视为标志的建筑。

运城最早的建筑是池神庙。唐代封盐池神为"宝应灵庆公",在池北卧云岗上首先建起"敕赐灵庆公祠"。不过此时"运城"尚未出世,池神庙只能算作"史前"建筑。当时庙的规模还不大,后世屡有增建,至明季歌薰楼、海光楼、地宝天成牌坊矗立,方臻于完备。庙起池畔,缘岗而上,下瞰卤泽,南瞻中条,气势宏敞,蔚为壮观。

元至元廿九年(公元 1292 年),路村正式设为盐务专城。此后短短数十年,城市建设"载兴载葺",很快有了长足发展。首先是建成了盐运使司署,包括至今尚存的通惠楼、经国堂在内,这是一个庞大的公廨式建筑群。司署左近的谯楼,则是

◎回眸"老运城"

重要的标志性建筑。谯楼位于司署之东,为南、北、中三社交会之中心(今钟楼处),既是瞭望预警之所,又是"壶箭授时"之地。而彼时"经国堂左右有丰济库,收储正杂盐课",为司署仓储之重地,附近建有钟楼(丰济钟楼),亦为预警之所。城内还建有文庙(在今运中北边)、运学(盐商子弟学校,在文庙南)、三皇庙(地址不详)、关王庙(今关王庙)等重要建筑。此外,围绕盐务、商务所设的钱庄银楼、医卜院、行用库、馆驿传舍、场厫等,则大多集中在今西街和钟楼附近。当然还有大批的商家字号。至元末,全城计有人家近4000户,人口几逾2万。一时间,城外"万商辐辏于途",城内"屋庐联榜,楼阁辉映"。元顺帝至正十六年(公元1356年),筑起了周长九里十三步的土城墙及五座城楼,运城(当时叫"圣惠镇新城""凤凰城")即开始有了完整的"城"的规模。

到了明清两代,城市建筑设施进一步完善起来。

首先是明代开始设立巡盐御史,在城中心建起了察院(位于今盐湖区政府所在地),这是又一个大型的公廨式建筑群。在此前后,几任运使、御史相互接力,完成了城垣、城门的修缮。天顺二年(公元1445年)重修了城墙,正德六年(公元1511年)将城墙增高,将五门改作四门。嘉靖年间(公元1522年—1565年),陆续砖砌了东、西、南、北四面城墙,并建立了角楼及瓮城。正德十四年(公元1519年)御史宋钺改建谯楼为钟楼,万历七年(公元1579年)御史房寰另在察院东建成"鼓楼",于是有了后来长期作为运城地标的遥相对峙的"钟""鼓"二楼。此外,还在城西北建起了河东书院(今大渠),在文庙南设立商学宏运书院（今运中），在东门内设有正学书院，在城南池畔建了野狐泉景区，等等。

进入清代以后，随着兵备河东道自蒲州徙来，运城已不再是一个盐务专城，而成为山西南部一个政治、军事、文化中心，城建布局也不断向东拓展。先后在今东大街鼓楼北设有东、西察院，表忠祠、卫民祠；再向东有藩台分署、臬台分署（在今皋巷）；在路南设有分守道署、分巡道署。另外，还在西街建有盐商总会、戏院，在北门口二郎庙设有集贸中心，在东门口建有同善义仓，等等。

除了城市公共设施外，明清一些达官显宦、名门望族，如帅府刘家（兵部尚书刘敏宽家）、天官府曹家（左都御史曹于汴家）、抚府张家（辽东巡抚张岫家）、宋家（进士宋在诗家）、乔家，大盐商姚家、谢家、郭家等，都建有深宅大院或宗祠。这些都成为一时城建之精华。

民国三十年间，城市建设则融入了一些异域文化色彩。一个突出的建筑是1920年，河东盐务稽核分所在皋巷建成了中西合璧式的庭院，其中两座哥特式小洋楼，成为本城开风气之先的时尚建筑。同年，在东门口建起了清真寺，还有此前庙背后的天主堂，都为城市增加了宗教文化的元素。民初建于南街的兴业银行，厅房瓦舍亦殊为精致。日伪占领时期，在城里掘深井建自来水厂，水塔亦成为重要建筑之一；在城北面粉公司原址建起大楼，亦号称全城最高。从1913年开始，运城大办新式学堂，设立了山西省立的第二师范（在今运中）、第二中学（在大渠）、第二女子师范（在今农学院）、甲等

◎回眸"老运城"

职业学校(在今南风广场);其后又办起了私立的明日中学(在今康中)、菁华中学(在今红旗路)、中山中学(今西街);抗战胜利后又有涑水中学(今东街)等。运城因而被誉为"华北教育一颗明珠"。学校建筑多取中西合璧式,亦不少精致之作。此外,路家巷的福同惠、北街的长胜久、西街的福盛魁等老字号,门面古色古香,亦为街市增色不少。

1947年运城解放以后,城市规模不断扩大,人口不断增加,市容市貌发生了翻天覆地变化。五六十年代新建有电影院、人民剧院、百货商场、实习饭店(今运城饭店)、接待处(今盐湖区委)、火车站、汽车站,等等。八九十年代,建起了河东广场、河东剧院、河东博物馆、邮电大楼、百货大楼、地委大楼、行署大楼、经委大楼、计委大楼、电业大楼、外贸大楼、市委大楼、市政府大楼、菊花酒楼、地招宾馆大楼、二招大楼、凤凰宾馆、图书馆大楼、广播电视大楼、地区医院门诊大楼、头针大楼、实习饭店大楼、供销大楼、银行大楼、财政局大楼、建设局大楼、运中教学大楼、康中教学大楼、教育学院大楼、河东大学大楼、师专教学大楼、地建大楼、建工俱乐部、粮油贸易中心大楼,等等。而矗立在路村街的黄河大厦,建筑面积达7000多平方米,高达12层,一度曾是市区最高建筑物。

撤地设市10年来,城市建设更是飞速发展,城市面貌日新月异。今日之运城,市区面积扩大了10倍,人口达四五十万,经济繁荣,社会和谐,对外开放,已成为一座既有历史传统,又有现代文明的魅力城市。全城高楼林立,建筑琳琅满目,精彩纷呈,可圈可点之处多不胜数。此次评选出来的"十

大新地标",就是其中的突出代表。

随着城市建设的发展,运城的老建筑越来越少,"老运城"的形象已渐渐从人们记忆中淡出,曾经的辉煌亦仅存于有限的文字记述之中。希望在打造城市新景观、新地标的同时,能够用一小块地方建造一个"老运城微缩景区",为我们保存下"老运城"的历史风貌,以留住记忆,承续历史,昭告未来!

(2010年9月)

◎回眸"老运城"

关于运城市城市规划和文化建设的几点建议

第一,建立"路村城"(或"凤凰城")微缩景区,保留老运城的历史风貌。近年来运城城市建设发展很快,日新月异。城区几度大规模拆迁重建,历史文化遗存损毁十分严重,老运城的整体风貌在人们记忆中渐渐淡出。为解决此一问题,建议选择1911年辛亥革命后至1937年抗日战争前某一时点运城市区景观为母本,制作成微缩景区加以保留。首先寻访耄耋老者,发掘记忆,搜集图片资料,制成图纸、电子软件,再做成沙盘,然后搞成一定规模的景观,甚至可以开辟一个小型的"凤凰城公园"。其摄取范围应包括老城外的姚暹渠、盐池、池神庙以至安邑、解州部分景致,使老运城及周边历史风情得以完整保留,并可供游人赏玩。另外,古绛州、古蒲州及其他城镇亦可以用同样方法保留或再现历史风貌。

第二,鉴于城市发展很快,已经成为晋陕豫金三角中心城市,前景无可限量,建议在制定城市总体规划时,把市区附近的一些名镇纳入,考虑建立几个"卫星镇"。除解州、安邑外,北相镇春秋战国时期为"安邑相城",是复姓"相里氏"的起源地,唐初一度设兴乐县;陶村镇有西周敬王时制陶的记载,有陶朱公范蠡之墓,元代曾是全国为数很少的几个葡萄酒酿造中心之一。两镇在历史上都有过一定的地位和影响,可纳入规划,保留其历史风貌,以丰富城市文化内涵。

第三,保护好与盐文化相关的历史建筑和文物。运城以盐务而建城,盐文化是运城的特色文化。近年来,市委、市政府在开发盐文化方面已经做了大量的工作。现在除需立项建立盐池博物馆外,当务之急是要搞好通惠楼的加固和保护。通惠楼是盐运使司署、河东道署的大门,始建于元代,重建于明崇祯年间,是老运城三大标志性建筑之一。钟楼、鼓楼已经损毁,此楼属硕果仅存,应该及早立项论证,采取措施搞好保护。另外,对潞盐公会遗址,盐商会馆、剧院遗址,运阜仓遗址,运学遗址,南街、阜巷、胡家巷、姚家巷等地盐商民居遗址,亦应尽可能采取保护措施,并在相关地段设立指示牌或标志牌,用简洁的文字加以说明,使路人能感受到盐务专城及盐文化的历史气息。

第四,建立一批以历史名人命名的城市文化园区,以体现城市人文精神。但需注意,选择人物不要过多过滥,以不超过10个为宜;各个园区设计要有特色,要简洁,雕塑要精美;文字表达的东西不要太多,且一定要准确、精粹、规范,勿留硬伤。

第五,市区街道命名尽可能体现河东历史文化特色。要尽量减少同质化的地名和时代色彩太浓的地名,增加有本地特色的街名,如凤凰大道、路村大街、涑水大街、条山大街等。

要尽可能保留原有地名,尤其是具有历史文化内涵的地名,如兴国寺、魏豹城等。可适当用河东历史文化名人和典故来命名新开街道,但要注意与文化园区命名的衔接和融合。另外,"潞村"的写法一定要纠正,"路村"是运城的"乳名",不可贻笑大方。

第六,建立一批有文化特色的馆、阁、楼、堂、斋、舍、轩、室,营造浓郁的文化氛围。如:设立城市建设档案馆,保留城市发展变迁的史料;设立蒲州梆子博物馆、曲艺博物馆,建设戏曲研究基地;建立名人纪念馆,如景梅九、景克宁的"梅园",李岐山纪念馆,李健吾纪念馆,丁绍光展览馆等。同时,鼓励企业家和有专长的人搞博物馆或私家收藏展。已有的度量衡博物馆是个方向,还可再搞些书画、奇石、报刊、根艺、钱币、邮票、老照片、古建等小型专题展览。官方指导,私人筹办,使得一馆、一阁、一楼、一堂、一斋、一舍、一轩、一室式的微型文化景点,遍布全城各方,形成整体文化效应,丰富市民文化生活。

(2009 年 3 月)

陿(juǎn),河东安邑陬(zōu)也

——运城城区一个2000年前的古地名

前些日子去高铁站（运城北站），出站南行不远，见路旁一牌赫然写着三个大字："阳倦村"。环顾四周，稍加辨识，才知道是来到了原来名叫"阳圈"的村庄。在印象中这里是运城的远郊，没承想今天已变为"城中村"，我不禁为城市发展之疾速感到惊喜。不过这里的"倦"字和日常人们写的"圈"字都不对，正确的写法应当是"阳陿"。大概由于"陿"字过于生僻，《新华字典》《现代汉语词典》都没有收这个字，电脑字库中也打不出来，于是用了音近的"倦"来代替，这显然只是一种变通的办法。但从保留古地名遗产出发，我觉得还是把这个"冰封"已久的字"焐热""激活"为好。

说起"陿"字来，不仅历史悠远，而且与河东大有关系，它好像是我们这里一个专有的地名字。东汉许慎《说文解字》中就收有这个字："陿，河东安邑之陬(zōu)也。从阜，卷声。居远切。"《玉篇》《广韵》《集韵》《字汇》《康熙字典》《中华大字典》，以及近年出版的《汉语大字典》中也都收有这个字。《广韵》的注释是："陿，河东安邑聚名。""聚"是"村落"的意思。《汉语大

◎回眸"老运城"

字典》也说:"隄,古村落名。故地在今山西省安邑县境。"那"陬"又是什么意思?《说文》:"陬,阪隅。"意为:山坡之一角。古文字构造有所谓"左阜右邑"之说,一个字的形部"阝"在左边,属于"阜"部(篆体即写左"阝"为"阜"),说明它与丘陵高地有关;"阝"在右边,属于"邑"部(篆体即写右"阝"为"邑"),说明它与聚落有关。"隄"字的"阝"部在左边,故这个村落应该在丘阜近处,仅仅将其释为"村落名"还是不够的。它的完整的定义应该表述为:汉代河东安邑县一个村落,以地处坡岭之一隅而得名。

当然,由于2000年来地形地貌发生了巨大的变化,今天的阳隄村周围几乎是一马平川,古代的丘陵高坡我们已经看不到了,但仍有蛛丝马迹可寻。据《运城地区地貌图》标示,这里地处古鸣条岗南麓,"鸣条岗为一条狭长的黄土长墚",而阳隄村正位于"黄土长墚"之边缘,自北往南地形呈逐渐下落之势。《运城县地名录》称"阳圈村:地处坡地。相传古代有一只羚羊,跑到北相的杨包村未被捉住,又跑到此地,被包围圈住。后人们将此地叫作羊圈,将羊圈改为阳圈。""羚羊被圈"当然是附会之说。可贵的是,这里记载有旧时地貌,说它"地处坡地",这就与《说文》"阪隅"的释义相吻合。从地图上看,阳隄村北接陶上村,东邻壕头村,《地名录》亦说陶上村"地处坡地,传说很早以前此地烧陶器的人很多",而壕头村则以"村西处有一条大壕"而得名。再往西南,吕儒村"地处半坡",岳坛村"地势低洼,呈滩状,古县志又有'岳滩'之名";往东南延展,樊村则因地势更低今已建为水库。当然书里说的还只

217

是近百十年前的情景,至于2000年前这一带阜高坡陡地形由此亦不难想见。以古人判断山水方位的标准"水北、山南曰阳"(见《公羊传》)来比照,可知这里正因处于坡阜之南隅,故名曰"阳陬",也正是《说文》中那个汉代"河东安邑之陬"。

"陬"应该是一个有历史内涵的古地名。它之所以在近2000年前就被关注,并在仅录有9353个汉字的《说文解字》中占有一席之地,说明它曾经有一定的知名度,当地甚或可能还有被遗忘了的故事有待于考古发现(其东南不远的留驾庄有"汉献帝乘牛车幸安邑曾驻跸于此"的传说,时间比《说文》晚几十年)。尤其是作为一个小地名,它沐浴历史的风雨,经历地貌的变迁,沿用至今未遭湮泯,显得弥足珍贵。随着城市的拓展,今天的阳陬村已居于市区之内,又在高铁站的出口处,我们理当把这个地名很好地加以保护、彰显。或在村口立碑记史,或在路牌上加以标注,俾使外来客人一出高铁站,就可以从一个村名感受到运城文化的古老精博。

至于"陬"字电脑打不出如何办,作为变通,我意删去形部,仅取其声部写作"卷"即可,而不宜再写作"倦"或"圈"。

(2014年12月)

◎回眸"老运城"

重修运城鼓楼碑记

鼓楼为老运城标志性建筑之一,位于故察院之东,文庙之北,表忠祠之南,东大街与鼓楼巷交会之处。楼始建于明万历七年(公元1579年),时巡盐御史房寰主其事;清光绪三十三年(公元1906年)曾予重修。楼基雄伟,四门洞开;上叠二层,纯然木构,形制古朴。中置大鼓一面,旦暮子午,枥吏击而报时;鼓声悠远,号令官民起居。登楼环顾,可瞻邑、望州、瞰湖、眺岗,远近风光尽收眼底,亦运城一大景观也!1947年阁楼毁于战火,基座亦唯北半存焉。

进入新世纪以来,运城市人民政府为留住盐运古城历史风貌,对鼓楼基址采取措施加以保护。2011年列为盐湖区文保单位;2013年复决定在原基址上重建鼓楼。自翌年7月始,鸠工庀材,重新擘画,凡历十阅月而工程告竣。新楼通高28.5米,形制较原样亦有更新。楼台高8.63米,长宽各16.4米,占地287.87平方米,所缺南半由青石、青砖混砌补修而成,复原为十字卷拱形门洞,四向贯通,东西各设楼梯。上部阁楼高20米,亦纯木构制作,二层三檐十字歇山式,飞檐斗拱,雕梁画栋,高耸入云。顶为布筒瓦屋面,绿琉璃剪边,遥望巍巍然而不失精巧,古色灼灼而颇含时韵!二楼竖大鼓一面,径面高达3米,小扣大鸣,声播远近,供游人拊击嬉戏,亦副鼓楼之名也。

楼台四门匾额旧各有文,然年久毁失,不克复原。而在昔四城之门亦有题额,东曰放晓,西曰留晖,南曰聚宝,北曰迎渠。惟历经变迁,城垣今已了无痕迹,城门亦难以修复,故特移植其名于斯匾,以保留历史记忆无使湮闻。兹附笔以为说明。

(2015年5月)

附 录

◎附　　录

最早推介"运城·古中国"的尝试

关于运城城市历史文化特色定位，一直是我研究河东文化的重要课题。1990年提出"河东最早称'中国'"，到2014年论证"运城·古中国"，20多年来，经历了一个不断探索、不断深化认识的过程。

早在1984年，运城报就与河南的三门峡报、陕西的渭南报建立了省际报纸协作关系。各报在轮值承办本省报纸协作会议时，都要请另外两家与会，从而使得三家报社都有了扩大视野，与外省同行交流的机会。

1990年11月，三门峡报承办河南省第十七次报纸协作会，我与农村部主任李宏学同志代表运城报应邀出席了会议。会议共三天。第二天上午我在会上介绍了运城报的经验。主要是如何体现运城报"姓党、姓农、姓运"的特色。具体地讲，就是通过系列报道的形式，增强对党委工作的配合和对基层的深入指导；通过开辟"农村致富服务部"、举办"农科状元"知识竞赛等形式，对农民致富做有效的政策引导和面对面的服务；通过综合性的文化副刊，发掘本地区悠久的历史文化，以增强报纸的地方特色。发言受到了河南同行们的热烈欢迎。他们反映运城报的经验有创意,新鲜、扎实、具体,可操作性强。在第三部分讲到河东历史悠久,文化底蕴丰厚,有关公、司马光、柳宗元、王勃、王维等历史文化名人,有闻喜裴氏、河东柳氏、汾阴薛氏等名门望族,有关帝庙、永乐宫、普救寺、后土祠等古典建筑,有历山、龙门、百里盐湖等人文胜境和自然遗存,有西侯度、匼河、西阴、东下冯等考古文化遗址,等等。尤其是讲到河东是尧舜禹建都的地方,考古学家认为这一带是最早被称作"中国"的地方,大大地刺激了河南同行们的兴奋点。他们对运城这块古老而神奇的土地,仅有一河之隔、却又知之不多的芳邻,产生了很大的兴趣,纷纷要求到运城去看看。第三天下午,会议本来就要结束,最后根据与会同志的要求,决定再增加一项内容,就是到运城参观学习一天。要到运城来,我们就成了东道主。由于是会上临时动议,三门峡报总编老宋同志怕我们有困难,一再解释说大家没有去过运城,只是想过河看看,不要什么接待,引引路就行。我说没问题,非常欢迎大家到运城去!晚上打电话与家里联系,时任总编薛礼堂同志亦表示热烈欢迎,并做了第二天迎候的准备。

  第二天一大早,五点起床、吃饭、上路,出席会议的同志全部成行。他们中有河南省委宣传部、省新闻出版局、省记协、河南日报、省城各大报以及全省二十二家地市报的负责人及工作人员,共计一百多人,分乘大巴三辆、小车十几辆,由我们的吉普车作前导向河东进发。那时候,黄河三门峡大桥还没有建成,车队要在会兴渡(我们这边是平陆茅津渡)由

◎附　　录

汽船摆渡过河,花费了不少时间。

八点多钟,车队过了黄河进入山西境内,沿着运茅公路向运城进发,大家都很兴奋。宋总考虑得很周到,还特意在车上安装了扩音器,由我用麦克风给大家沿途作导游。我事先也没有做什么准备,基本上是走到哪里就介绍那里。进入平陆就讲唐玄宗"开三门,兴漕运",挖出的古刃上面有"平陆"二字,遂改"大阳县"为"平陆县";沿着运茅公路前行,就讲晋献公"假虞伐虢"以及百里奚的故事;到了夏县与平陆交界处,停下车来远眺运城盐池,介绍盐池,讲黄帝战蚩尤的故事;进入夏县境内,就讲禹王城、嫘祖养蚕、司马光来往于洛阳与夏县间的故事,以及更北边闻喜裴氏一门出了59个宰相的故事;进入盐湖区(当时还叫运城市)境内,路过下段村讲魏文侯"礼贤下士",路过安邑讲"韩信擒魏豹",路过原王庄讲"关公战蚩尤"等。总之一路不停地介绍。十点多车队到达运城,与在此迎候的礼堂同志会合。出了城又讲了运城的来历,等等。由于时间很紧,没有安排客人们专门参观盐池,只好在将到解州时,稍停了一下,让大家较近地眺望了盐池。然后是参观关帝庙,然后是参观普救寺、蒲州古城遗址、蒲津渡遗址、黄河大铁牛,一点多钟在永济宾馆吃午饭。

两点钟饭毕,不休息就出发,一路向南,直达风陵渡。沿途匼河遗址、独头村杨贵妃、风陵渡铁桥、鸡鸣一声听三省的凤凰嘴,都给客人们留下了难忘的印象。尤其是这一带中条山山势苍峻,远非在河南看到的平缓,使人联想起柳宗元"条山大河,气盖关左"的名句,思古之情、沧桑之感油然而生。车队在条山南麓山窝里的公路上盘旋了两个钟头,到达芮城县城永乐宫已经是下午五点多钟了。初冬时节天气很短,眼看太阳就要落山,我们安排大家抓紧先看壁画。待参观完毕,大街上已是灯火辉煌了。八点多钟进晚餐。记得客人们对河东风味的饭菜赞不绝口,尤其是对名吃"泡泡油糕"更是好奇,好些人都打听是怎么做成的。

晚十一点钟,将客人送至大禹渡。他们摆渡过河到对岸阌乡县,然后返回三门峡市区。临别前,河南省新闻出版局、省记协的领导以及三门峡报的宋总,一再表示感谢,说一天的参观收获很大,让他们对山西、对运城历史文化有了了解,大开了眼界,说今后可能还会有更多人来旅游参观学习。我们也说欢迎河南的同志们常来常往!

平顶山日报社的总编贾汉同志,原是北大中文系的高才生,年轻活泼,才华横溢,博学多识。他对此次河东之旅热情最高,对了解运城的愿望也比别人更为强烈。那天一过黄河,他就挤进我们的车子里,一路上问东问西,提了不少问题,我的许多介绍就是和他的对话。临别时他说:"河东、河南,虽仅有一河之隔,但我们对河东缺乏基本的了解。现在看来,运城的四五个县就有这么多的好东西,确实是天外有天!今天的参观,可以称作'古中国一日游'!建议我们的老总回去后以此为题,每人写一篇文章,使河南的读者也能了解运城,知道一河之隔的山西,居然这么神秘,这么富庶,文化底蕴这么丰厚!"直到2004年,他作为中国地市报研究会会长来运城调研,我们再次聚首,他还深情地回忆起这次"古中国一日游"!

◎附　　录

　　这次考察旅游虽然是走马观花,但确实打开了一扇大门。自此以后,河南省新闻界的同行与我们的联系大大增多,我自己就先后接待过多起河南宣传文化部门的同志。不过这些都是后话了。

　　本来,1990年的下半年,我正酝酿着在报纸上开辟一个专栏,介绍河东历史文化。河南同行参观过后,我觉得更加有必要,也更加迫切了。于是12月28日,赶在1991年新年到来之前,在运城日报开启了一个《河东漫话》专栏。我为专栏写了这样几句话:"河东,这块神奇的土地,物华天宝,地灵人杰。大自然赋予她得天独厚的魅力,先民们曾在这里演出过威武雄壮的活剧!为了帮助您认识脚下这块土地,她的古,她的今,她的未来,本报特开辟《河东漫话》这个专栏,希望您能喜欢。"

　　专栏第一篇文章就是《河东最早称"中国"》。文章不长,开头先说:"今天,提起'中国'来,人们都知道指的是我们这形似金鸡鸣曙,拥有960万平方公里版图的中华人民共和国。可是,你是否知道:这'中国'一词最早出现的时候,却是特指我们河东一块地方吗?前两年高考语文试题中就有一篇例文说过:'中国'一词最早指的是晋南一块地方。"文章接着说:为什么河东是最早被称作"中国"的地方呢?原来,我国古代,"中国"一词最早是指"京师"的:"帝王所都为中,故曰中国。"历史上最早的帝王建都之地"尧都平阳,舜都蒲坂,禹都安邑"都在河东,因而最早有资格称作"中国"的只能是河东这一块风水宝地。文章最后说:"河东最早称中国,河东文化是古老的中国文化的源头,或如有的学者所称,是'中华文化的总直根'。让我们努力弘扬传统文化,把河东的事情办好,以无愧于'中国'这个伟大的名字!"

文章发表后,立即引起了反响。不少读者来信反映,《河东最早称'中国'》是一条很好的新闻。它传达了一个重要的历史信息,提升了对运城历史文化地位的认识,给了运城480万人民以鼓舞和自信,希望报纸多登这样的文章,等等。接着,专栏又陆续刊出了《河东,龙的故乡》《盐池与海》《安邑缘何称"安邑"》《关公战蚩尤》《"锣鼓源于河东"说》《"剪桐封弟"在河东》《河东原非"十年九旱"》《蒲州梆子与京剧》《中华第一村——路村》《李健吾,河东的骄傲》等28篇文章,从各个方面介绍了河东的历史文化。

1993年8月,运城地区召开关公文化节暨经贸洽谈会新闻发布会。为了配合新闻发布介绍区情,我又写了《河东,华夏文明的摇篮》(6000字)一文,从国号、考古、传说、民俗、人才等五个方面论述了"为什么说运城是华夏文明的摇篮"的问题。文章作为背景材料散发给与会的中央及22个省市报社的老总及来自各地的客商,在更大范围内对运城历史文化进行了推介,也引起了新闻同行的关注。文章1995年在《运城高专学报》刊出。1996年在《运城日报》刊出。当年9月我随地区领导赴香港搞招商引资新闻发布,又把此文带给了香港《大公报》的编辑以及王国华社长、冯仲良总经理等。1997年地区对台办的同志赴台,也将此文带到台湾,后在《山西文献》上发表。文章刊出不久,我收到该刊主编原馥庭先生的来

◎附　　录

信,希望我能继续为刊物提供稿件。这样一来,这篇文章的影响也渐次扩大到了港台以及海外。1999年,此文被收入《运城地区志》以及《建国50周年运城地区优秀文学作品选·散文卷》等。

2006年针对"中华"一词的词源与河东的关系,我又写了《中国、华夏与河东》一文,在《山西日报》刊出。指出"中华"一词,"中"是指"中国","华"是指"华夏"。河东最早称"中国","华"和"夏"名号的起源地都在河东。因此,"中华"一词与河东这块风水宝地有着不可割舍的联系,说"河东是中华民族的重要发祥地","河东孕育了华夏文明"都是当之无愧的。

2006年10月,运城竞争CCTV全国十大魅力城市,我参与了策划与展播,也采用了这些文章的内容。

除此以外,这些年我还应邀为全市导游人员进行了培训,为运城学院及市直一些单位举行过多次关于河东历史文化的讲座。

以上这些,可以看作是向外推介"运城·古中国"最初的尝试。

20多年来,"河东最早称'中国'""河东是华夏文明的重要发祥地",已经成为学界及社会各界的共识,领导讲话以及学者文章都时常引用。更加可喜的是,包括北京的专家在内,有许多同志都参与到这个大的课题中来,写了许许多多高质量的研究性文章,大大提升了研究的广度和深度,对塑造运城城市形象,对运城历史文化特色定位,对扩大运城的影响都起到了一定的作用。

2014年以来,根据习近平总书记的重要讲话精神,市政府领导提出了"打造以'古中国'为标识的国际旅游目的地",促进运城社会经济全面发展的战略目标。为配合这一工作,我先后写了《"中国"一词最初指的是晋南一块地方》《联赞"运城·古中国"》《关于运城"古中国"历史文化特色定位的思考》,以及《运城盐池的历史人文特色》等文章,并在市委、市政府与北大、中国社科院联合举办的"运城与古中国"学术研讨会上做了主题发言。这些文章在前面的基础上又有了进一步提升。

现在回过头来看,从1990年到现在,26年一路走来,从自发到自觉,从个人单打独斗到获得党委、政府大力支持,自己对河东历史文化的研究和推介虽然也做了一些工作,但还远远不够,还需在市委、市政府领导下,依靠团队的力量,群策群力,不断创新,把这项工作做得更好,以对运城社会经济发展做出切实的贡献。

(2015年2月)

◎附　录

关于"地招两座小洋楼"一文写作的经过

　　研究河东盐文化，我写的第一篇文章是关于盐务稽核分所的。题目是《帝国主义掠夺运城盐池的历史见证——记地招两座小洋楼》。

　　1981年7月，《运城报》停刊一年后重新复刊，我开始主持报纸副刊。为了突出地方特色，将副刊版定名为《永乐宫》。同时开辟了一批新栏目。如《河东历史人物》《河东历史故事》《河东今昔》《地名来历》《方言小考》《名人访运诗抄》《本地寓言（万荣笑话）》《新魏风（民歌）》等等。一开始没有来稿，只好自己写一篇，把栏目先立起来，再组织作者撰稿。记得当时我为"人物"写过《柳宗元》，为"历史故事"写了《假虞伐虢》，为"地名"写过《平陆小考》，为"方言"写过《杀媳妇》，为"诗抄"评注过田汉的《访盐池》，等等。至于《河东今昔》，我首选了运城地区招待所原盐务稽核分所的两座小洋楼。因为这个栏目的文章是要求通过一件事物来反映河东历史变迁的，而小洋楼则是这方面极具代表性的最佳选题。它与盐池有关，与中国近代史上重大历史事件有关，与洋人有关，有故事可讲，因而首先选择它作为开篇。

写这篇文章首先要了解历史背景,这个比较容易。我学过近代史,知道袁世凯搞善后大借款,以全国海关税和盐税作抵押,在各地设立有盐务稽核所(俗称"造报所"),这就是小洋楼产生的大背景。至于运城是什么时候设立"造报所",盐税如何抵押,帝国主义列强如何掠夺盐池,这些也还比较容易。我从盐化局图书室找资料,借了几本书,如《中国盐政丛书》《银湖春光》等,书中可以就有这方面的材料。问题难在小洋楼的本身的情况:楼建于何时?这里原来是什么地方?稽核所里有哪些外国人?发生过什么事情?这些都没有现成资料可用,只好自己去调查、去发掘。

上哪儿去调查?我第一站来到了地区建筑设计室。当时我想得比较简单,认为如同上海、北京等许多大城市一样,建筑设计室应当保留有现成的城市建设档案,一查即得。谁知去了后大失所望,因为临汾、运城两家刚分开不久,建筑设计室是个新单位。那里不仅没有这两座小楼的材料,而且运城所有建筑的历史资料全都没有。但我没有灰心,还是谈了我的想法,建议他们对运城市区现有的一些重要建筑(尤其是有特色的建筑)进行一次普查,逐一登记、拍照、存档。今后根据规划需要拆除的建筑,拆除前先拍照存档;新楼房建起后也要登记、拍照、存档,放在一起。这样若干年后,不仅每一条街道、每一座重要建筑都有了历史档案,整个城市变迁也就有了一套比较完整的资料,无论何时查阅都很方便。那天下午采访虽然没有什么收获,但和那里的工作人员聊得很开心。2009年3月市里举行城市规划与文化建设研讨会,我提

◎附　　录

了几条建议,其中的"设立城市建设档案馆,保留城市发展变迁的史料",其动议应该说从那时候就开始萌生了。

当时有一位老先生经常到我的办公室来聊天。他名叫宋学璟,运城西街人,是蒲剧名角宋福林的侄儿。本人也是蒲剧名票友,当过运城镇蒲剧团团长,担任运城县政协委员。他给我讲了老运城的许多事情。关于小洋楼他也知道一些,说那里原来是一户吕姓人家的大院,前庭后楼,后来被拆掉了。其他的就不了解了。我让他推荐知情人,最好是在"造报所"工作过的,他推荐了几位,让我试试向他们去调查。

1981年,"文化大革命"刚结束不久,政治气候乍暖还寒,一些有旧社会阅历的人,提起与自己历史有关的事情都有点紧张,生怕再惹出什么麻烦来。尤其是稽核所是同洋人搅在一起,许多人更是忌讳,避之唯恐不远。结果宋学璟推荐的人,有的已经过世,有的没有找到,而我最终见到的两位,也都没有谈出什么情况来。一位是在稽核所做过饭的张姓厨师,打听了好多家,好不容易在南街找见了。张家的人一听问的是过去历史上的事情,都很紧张,推说只在那里做过很短时间,什么也不知道。后来在曹家巷又找到一位郭姓老人,是位退休教师,70多岁,温文尔雅,待人谦恭和气。我们聊了一个多钟头。起初谈别的都很投机,但一扯到正题问起稽核所的事情时,我明显看到老两口眼光对视了一下,老人沉吟了一会,便推说没在那里干过,什么情况都不知道。任凭我怎么绕圈子"套弄",老人总是回答"这个不太清楚""没听说过什么"。最后又扯了一些闲话,我起身告辞,老人客客气气地把

我送了出来。曹家巷离报社不远,过了不久,有一天我遇见老人在报社门口看橱窗的报纸,便邀请他到我的办公室来坐坐。直觉告诉我,老人是个阅历丰富的人,一定知道稽核所和运城的不少事情。然而老人来报社两次,每次都是很客气地默默地坐一会,然后离开。我隐隐觉得他好像有什么话要说,也有意识地开导他,但他始终没有说出什么来。若干年过后,我从地方党史资料上得知,郭老人经历果然不凡。他1927年6月曾加入过共产党,是运城最早的党员之一,1928年被捕在太原监狱里关了两年,在狱中表现还不错。后来被保释出狱后就脱党了,但也没有什么其他问题。不过"文化大革命"中的冲击大概是免不了的,怪不得老人当时那么谨慎。几年后,一次路过曹家巷,我突发奇想,想再找老人聊聊运城的一些历史,不想开门出来的是一位30多岁的男子。我问起郭老师夫妇,对方告知老人已经过世两年了,老太太也被闺女接走了,房子现在卖给他们了。面对这三个"了",我只好黯然离开。不过这是后话。

材料不够文章就写不下去,我继续找人调查。当时我住在阜巷南头的水利局家属院里,小洋楼在阜巷的北头。阜巷、姚家巷一带旧时有许多是盐商居住的院落,一些老住户对运城和盐有关的事情应该是比较了解的。我就找街道一些老年人聊天,结果打听到了一位名叫郭长兴的老人,他的家在街面上有一个高大而显眼的雕花砖门楼,往里走是一条很深的巷子,门楼匾额上刻有三个字"長衕衕",人们都称他家为"长胡同郭家"。和老人聊过以后知道,郭家原籍在晋中,家里原

◎附　　录

来是盐商,后来败落了。老人没有儿子,老伴儿也去世了,一个人生活靠女儿照料。老人识字,对运城的一些事情还了解得比较多。问他记得不记得小洋楼是什么时候建成的?老人先是说不记得。后来经我启发,答:原先那里好像是一家财主的大院子,房子也很好。洋人开始在那里住了几年,后来才盖了这个楼。问是哪一年盖的?老人说:记得从拆到盖成洋楼拖了大概有两年时间。小洋楼建成以后,稽核所的人还让本城人进去参观。他当时在基督教办的崇德小学读书,那年夏天学校老师组织学生去参观,他们进了楼房,还到过小洋楼的地下室。问他这具体是哪一年,他仍说记不清。于是再问他是几岁上学,当时是几年级,老人想了想回答说,他是7岁上学,参观时大约是四年级。他生于1909年,由此推断,稽核所小洋楼建成应当是在1920年。这个时间点就是这样认定的。另外老人说那里原先是一个财主家的院子,与宋学璟所说是吕姓前庭后楼大宅院也是吻合的。郭老人的谈话很重要,帮我解决了一个大问题。

文章写成后,于1982年某月某日在《运城报·月末副刊》头版上发表,题目是《帝国主义掠夺盐池的历史见证——记地招两座小洋楼》。后来我又把它寄给了《中国财贸报》(即《经济日报》的前身),在该报1983年某月某日刊出,题目改作《两座小洋楼,一段辛酸史——帝国主义掠夺运城盐池的历史见证》。两次都配有摄影记者朱希珍同志拍的小洋楼照片。

文章虽然发表了,但因为没有找到稽核所当事人提供的直接材料,尤其是许多人推荐的最知情的工作人员泥快亭我一直没有联系上,还是觉得有些遗憾。转眼到了1990年夏天。一次我出差去太原,回来时在火车上遇见运城市(盐湖区)农业局孙天保局长,我们聊了一路。孙是运城人,自小在城里长大,对运城过去的事情知道得也很多。从他这儿我打听到了泥快亭的下落。原来孙先生家里大人们与泥快亭过去很熟识,泥后来去了上海,他们两家当时还有联系。回到运城,孙局长很快就将泥快亭的地址告诉了我,我便立即给泥写了信,向他了解稽核所的情况。信中列了许多具体问题请他回答。如第一任经理是谁,继任的是哪些人;任协理的都有那些外国人,叫什么名字,是哪国人;稽核所发生过一些什么事情;两座小楼是何时建成的,是做什么用的;办公在什么地方,等等。承蒙支持,一个多月后我就收到了泥快亭先生的回信。信不长,主要讲了外国人的情况。一个最大的收获是,他说小洋楼建于1920年左右。这与我早先在郭长兴老人处得到的信息基本吻合。那篇文章虽然已经发表过了,但为了表示对历史负责,也为了表达对泥的尊重,在2002年出版《河东文史拾零》一书时,我收入了《帝国主义掠夺运城盐池的历史见证》一文,同时将泥快亭的这封信作为第一手资料,也附在了文章的后面。

　　文章发表后产生了一些影响。1991年黄河电视台许凌云编导来运城拍一个关于盐池的专题片,找到了我。请我出镜介绍盐务稽核所的情况。记得当时在我的办公室折腾了一个多钟头,根据许的要求还借穿了西装和领带,又到招待所小

◎附　录

楼前拍了一阵。后来节目在美国和国内同时播出,许导还从太原打来电话通知我留意收看。但因我家的电视收不到黄河台的节目,故一直没有看到过这部片子。后来听朋友讲,黄河台播过好几次,效果还不错。是不是这样,我真不知道。这好像是最早的一部关于运城盐池的专题电视片。

　　写过这篇文章以后,我几乎再也没有写过关于盐池的文章。原因是从1983年开始,由景克宁教授命题,我和柴继光教授在《运城高专学报》同时搞连载,我做的是《河东方言语词辑考》,柴老师做的是《运城盐池研究》。两个选题同始同终,一直连载到1989年,长达7年时间。在此期间我没有精力再做别的研究。至于后来,由于柴老师已经在作盐文化的系统研究,而且写了好几本书,我就再也没有染指这方面的工作。1991年我在运城报上开辟了《河东漫话》专栏,写过一些关于运城的文章,至于盐池研究仍很少涉及。直至2013年9月,河东盐文化研究会成立,我被聘为顾问,才开始再度关注盐文化,写了《运城盐池的历史文化特色》等10多篇文章。

(2014年9月)

我们为什么反对日本人称中国为"支那"

——与"中国"名号有关的一个问题

我们知道,在历史上日本曾用"支那"一词来指称中国,遭到中国人民的强烈反对。"支那"究竟是什么意思?我们为什么反对日本人称中国为"支那"?值此甲午战争120周年、抗日战争胜利70周年之际,特据相关资料作一回顾,以昭示国人,铭记历史,惕厉奋发,兴我中华。

"支那"之名始于汉译佛经

现今许多国家对中国的称说,如英语China等,都源于"秦"字的音译。而外国文献称中国为"秦",最早见于印度佛经。有学者指出,《史记》中有秦"禁不得祠"的记载,"不得"是梵文"佛陀"二字的音译,"不得祠"就是佛寺。这说明在先秦中国与印度(古称"天竺""身毒")就有交往。印度佛经中"中国"一词,梵文写作 Cìna sthaˋna。Cìna 就是"秦"的对音,sthaˋna 读作"斯坦",是"城邦(国家)、领地"的意思(今天的巴基斯坦、吉尔吉斯斯坦、哈萨克斯坦、土库曼斯坦等国家名称中"斯坦",都是这个意思)。这是异域以 Cìna(秦)称呼"中国"的最早文献记载。在汉明帝以后,佛经大量传入中国,为便于

◎附　录

传播,于是有了"汉译佛经"。经师们在译经时,又将其中指称中国(秦)的梵名 Ci`na,用汉字音译为"支那""脂那""至那""震旦"等等不同的名字。例如:《大唐大慈恩寺三藏法师传》卷三曰:"(拘摩罗)王又问曰:'师从支那来,弟子闻彼国有《秦王破阵乐》歌舞之曲。未知秦王何人,复有何功德致此称扬?'(玄奘)法师报曰:'秦王者,即支那国今之天子也。'"说的是玄奘到西天取经,迦摩缕波国国王问起大唐《秦王破阵乐》的事,其中称中国为"支那"。这说明唐代印度西域各国都称中国(唐)为"支那",或写作"至那""脂那"。后来的英、法、葡萄牙、荷兰、德语等语种称"中国"为 China、Cina、Sina 等,都是由梵文 Ci`na(秦)转译过去的。

称中国为"支那"原本并无恶意

如上所述,"支那"一词在"汉译佛经"中已经出现。隋唐时代,中日交流十分频繁。日本人崇奉中国的先进文化,派了大批"遣隋使""遣唐使"来长安学习。其间有的僧侣将汉译佛经带回日本,佛教由此而传入东瀛。日本最具权威的辞书《广辞苑》对"支那"的注释是:"外国人对中国的称呼(源于"秦"的转讹),初出现于印度佛典。"日本人原来称中国为"唐"。据考证,是日僧空海公元804年随遣唐使来华取经回国后,在他的《性灵集》一书中首先借用了"支那"一词的。后来一些日本僧人为显示博学以及对佛教的虔诚,也开始用汉译佛经中的"支那"一词来称呼中国。但这在当时并无恶意。直到19世纪末,中国一些维新派人士、民

主革命家，如孙中山、梁启超、章太炎等，出于"反清"需要，也用过"支那"指称中国。

明治维新日本开始与中国争国名

到了18世纪中叶明治维新时，日本一些政客大搞"国名之争"来为政治服务。他们认为"中国"的意思是"中央之国"，与"中国"相对的就是"夷"，而他们不甘作"东夷"。一个叫山鹿素行的政客写了一本《中朝实录》，来争这个"中朝"（中央之国）的名分。在他们看来，日本人自称"本邦"，国名"日本"，"本"字含有"中心的、主要的"意思，而"支那"的"支"是"分支"、"局部"的意思。故以"日本"与"支那"相对，会显得日本高于中国一等。因而主张用"支那"来称中国。随后，另一位日本人福泽谕吉提出了"脱亚入欧"的主张，即要将日本划入欧洲，不再承认日本是亚洲国家。就文化来说，"脱亚"就是要脱离中国文化的影响，"去中国化"；"入欧"，就是全盘西化、欧美化。在这种思潮引领下，"支那"一词在日本人的嘴里开始变味了。

甲午战争后"支那"成贬义词

1894年甲午战争中国战败，清政府被迫与日本签订了丧权辱国的"马关条约"。长期以来一直把中国奉为"上国"的日本，朝野大为震惊，更加陶醉无形，举国狂欢，连日集会游行，高呼："日本胜利，'支那'败北！"值得注意的是，日本人将"支那シナ"既不是依照汉字音读作"zhina"，也不是像英美各国

◎附　　录

那样读作 China，也不是读作最初日语译音"kina"，而是读作 Sina，这个读音在日语中有"将死的人"、"木偶"、"物品"等意义，只写汉字不加假名亦有贬义。从此"支那"一词在日本带上了战胜者对失败者极度轻蔑的色彩，由一个中性词变成了一个完完全全的贬义词。与此同时，民间社会对中国人的歧视性称呼如"豚尾奴""东亚病夫"等也大批出现。这种别有用心的恶搞，在国际上极大地损害了中国的形象。《荷兰百科通用词典》对"支那"一词的注释就是："支那，中国的贬义称呼，常用于日本语；亦指愚蠢的、精神有病的中国人。"这样，一个本来平平常常的译名，经日本人一番操弄之后，竟然变成了贬抑中华民族、歧视中国人民的工具！

中国人民坚决抗争

1913 年日本政府根据其驻华公使的提议，公然决定：今后均以"支那"称呼中国，递交的国书文件均称"中华民国"为"支那共和国"。为此激起了中国人民的强烈愤怒。

1915 年留日学生彭文祖发表题为《盲人瞎马之新名词》的文章，他所激烈抨击的第一个"新名词"就是"支那"，他强烈呼吁国人坚决唾弃、抵制这一侮辱性名称。

1919 年五四运动之际，一些爱国志士上书当时的北洋政府，要求日本不得再使用"支那"和"支那共和国"的说法。

同年 11 月，留日学生王拱璧写的《东游挥汗录》一书指出，"支那"一词已深入日本国民教育之中，"每逢形容不正当行为，则必曰'支那式'，借以取笑。此种教育早已灌输其国民之脑海。迨至今日,虽三岁童子,一见中国人亦必出其一种丑态,曰'支那人''支那人'。恍若'支那'二字代表华人之万恶也者。"在书中,他除了继续使用"倭人"一词外,还因为日本想脱亚入欧,就借用"日本"英译名Japan的音译,称其为"假扮"。

此后,一些留日学生、华侨因不堪忍受歧视、侮辱,多次投书日本报刊要求日人不再使用"支那"一词。然而对这一切抗争,日本政府置若罔闻。

1930年国民政府正式发出照会:日方公文若再使用"支那"之类的文字,中国外交部将断然拒绝接受。日本政府虽然形式上接受了照会,在正式文件中停止使用"支那"一词,但社会上一般书面语和口语仍把中国蔑称为"支那"。

"二战"之后日本右翼亡我之心不死

1937年全面发动侵华战争后,日本从军方到政府,都变得更加肆无忌惮。他们称七七事变为"支那事变",称侵华日军为"支那派遣军",称中国人为"支那人"。他们出版的有关中国的书刊,一律称中国为"支那"。为一步步蚕食中国,他们把我东北三省称为"满洲国",把华北称为"北支",华中称为"中支",华南称为"南支",甚至有的报刊文章还把"支那"解释为"(将被)肢解的那个国家"。

1945年日本战败后,中国作为战胜国派军事代表团进驻东京。应中国代表团要求,盟国最高司令部经调查确认,"支那"一词称谓确实含有轻蔑意,1946年责令日本政府不得再

◎附　录

使用"支那"称呼中国。1946年6月,日本政府发布了《关于回避使用支那称号的事宜》的通告,"支那"这个词才从日本政府的公文、教科书、报刊中消失,算是了结了这段公案。

但是日本右翼势力并不死心,近年来,他们在否定侵华战争罪行、否定南京大屠杀的同时,仍然不时使用"支那"一词对中国人民进行挑衅、攻击。2012年日本东京都知事石原慎太郎在报刊上撰文,鼓动日本首相野田"视察"我钓鱼岛时,就公然称中国为"支那"。有的右翼政客故意避用"中国"一词,而用英文China的日语发音来搞混淆。国名问题从来就是一个事关国家尊严的问题。这些人如此煞费苦心地坚持把中国称为"支那",究竟是要干什么?联系历史来看,他们的险恶用心不是昭然若揭吗?日本右翼分子何去何从,中国人民将拭目以待!

100多年来的近代史一再证明:中华强则受尊崇,中华弱则受屈辱。今天,中国人民任人欺侮的时代早已一去不复返了。回顾历史,除了警示我们要维护好国家主权和尊严外,同时也更加激励我们进一步做好中国自己的事情,把国家建设得更富强,努力实现中华民族复兴的伟大的"中国梦"!

《唐风》亦是运城地区民歌

今天谈起运城地区古代民歌，人们常以《诗经·魏风》为例，这当然没有问题。因为西周初年的魏国，就在今天运城市南部芮城、平陆、解州一带，《魏风》就是当地的民歌。但是《诗经》中还有《唐风》，其实广义地讲，《唐风》也可看作是运城地区的民歌。这是因为《唐风》即是"晋风"，而今属运城地区的绛县、新绛、闻喜都居于晋国的核心地区。晋国曾有过四个都城：一个是翼，在今天的翼城县古城村；一个是绛，在今天的侯马市；一个是新田，在今天的曲沃县；还有一个是曲沃，就在今天运城的闻喜县。因此从内容上讲，《唐风》讲的都是晋国的故事；而从地域上来讲，它们不单是讲临汾地区的事，也包含有运城地区的事。

这里试对《唐风》诸篇内容作逐一分析，以证我之所言不虚。

《诗经》十五国风共计一百零五篇，其中《魏风》七篇，《唐风》十二篇。《唐风》十二篇分别是：

一、《蟋蟀》三章。郑玄笺曰："刺晋僖公也。俭不中礼，故作是诗以悯之。"是讲僖公俭啬而不知休乐，不符礼仪之要求。

◎附　　录

二、《山有枢》三章。郑玄笺曰："刺晋昭公也。不能修道以正其国……政荒民散，将以危亡，四邻谋取去攻击而不知。"是讲晋昭公有财而不知用，政治荒败，失去民心，曲沃桓叔将要谋取国家他却不知。

三、《扬之水》三章。郑玄笺曰："刺晋昭公也。昭公分国以封沃，沃盛强，昭公微弱，国人将叛而归沃焉。"是讲晋昭侯把曲沃地方封予桓叔，曲沃地方甚大。后来曲沃桓叔日益坐大，晋翼宗室反倒日渐衰弱，国内许多人都思离晋侯而归曲沃。这首歌反映了这种担心。

四、《椒聊》二章。郑玄笺曰："刺晋昭公也。君子见沃之盛强,,能修其政，蕃衍盛大，子孙将有晋国焉。"亦是借椒树来比喻曲沃桓叔日益强盛，实力增大，便于收拾人心。

五、《绸缪》三章。郑玄笺曰："刺晋乱也。国乱则婚姻不得其时焉。"是写男女新婚之夕美好的情状。

六、《杕杜》二章。郑玄笺曰："刺时也。君不能亲其宗族，骨肉离散，独居而无兄弟，将为沃所并尔。"是写晋君孑立无援，孤独寡助，希望他能得到兄弟的关爱和帮助，否则会被曲沃所兼并。

七、《羔裘》二章。郑玄笺曰："刺时也，晋人刺其在位，不恤其民也。"是写在位的卿大夫，不关心百姓生活疾苦，只想干坏事，百姓只是忍让，暂且不肯离去。

八、《鸨羽》三章。郑玄笺曰："刺时也。昭公之后，大乱五世，君子下从征役，不得养其父母，而作是诗也。"是讲百姓服役不能在家耕地以养父母向天而问。暗喻晋宗室不得人心，心向桓叔。

九、《无衣》二章。郑玄笺曰："刺晋武公也。武公始并晋国，其大夫为之请命乎天子，而作是诗也。"是讲曲沃武公起兵灭晋，弑晋缗侯，夺晋国，乃以宝器贿周釐王，请王锡命任他为晋侯。周天子贪其贿，遂答应他的要求。这首诗是写晋武公向周天子请命。说不是他没有七章、六章的衣服，还是要请周天子下诏书任命了方才合乎法度。周时服制有九章、八章、七章、六章以降次二章为止。凡衣裳纹饰或彩绘，或刺绣、徽章，九章规格最高，为天子之服。七章是诸侯服，此时晋武公名为求七章之服，实则是希望得到诸侯的封敕。

十、《有杕之杜》二章。郑玄笺曰："刺晋武公也。武公寡特兼其宗族，而不求贤以自辅焉。"是讲曲沃武公兼并晋宗室被立为晋侯，孤寡独立，专权自用，不肯选用贤人来辅政。

十一、《葛生》五章。郑玄笺曰："刺晋献公也。好攻战，则国人多丧也。"是讲曲沃武公之子晋献公征伐邻国，拓展疆土，战亡者甚多，士卒遗孀寡居独处，生活十分痛苦。

十二、《采苓》三章。郑玄笺曰："刺晋献公也，献公好听谗焉。"是讲献公听信谗言杀死太子申生，逼走众公子，酿成骊姬之乱，人们对此十分怨恨。

曲沃、曲沃、还是曲沃！综合以上十二篇民歌所反映的内容来看，《唐风》几乎可以称作一部简明的晋小宗灭大宗的"曲沃代翼史"。他反映的是自晋昭公始封曲沃桓叔（约公元前745年），至晋献公酿成"骊姬之乱"（约公元前651年）这一段长约100年的晋国历史和人民的心态。其中展示了曲沃小宗，

附　录

一步步战胜翼大宗并最终取而代之,获得周天子认可,成为晋国正统的过程。而在此100年间,从始封的桓叔成师,中历庄伯鱓,到实现"曲沃代翼"的武公称,以及成为晋侯后初都于曲沃的晋献公诡诸,这些重要人物都居于曲沃,"代翼"事件策源地都在曲沃。而所谓"曲沃"城,并不在今天的曲沃县,而就在今天闻喜县西官庄乡的上郭村一带。另外,《唐风》中最后一篇《采苓》,讽刺晋献公误信谗言,杀死太子申生,酿成骊姬之乱。此时献公已迁都于绛,而太子申生还生活在"下国"曲沃(闻喜),最后也是死于曲沃。看到这些,你能说《唐风》与运城地区没有关系吗?

另外,《唐风》中涉及具体地名很少,然仅有的几个地名全在运城地区境内。

1.《扬之水》中的"从子于沃","沃"指曲沃,在今闻喜。

2.《扬之水》中的"从子于鹄","鹄",为"曲沃邑",亦在今闻喜境内。

3.《采苓》中的"首阳"指今永济首阳山。

总之,《诗经》中的《唐风》《魏风》都是西周时期晋国的民歌,但两《风》不应以今天的临汾、运城两个地区来简单切分。《魏风》中尚未发现有与临汾地区相关的地名和故事,而《唐风》中则确有运城地区的地名和故事。故此将两者综合起来考察,我们在谈到古代民歌时,不要忘记《唐风》既是临汾地区的民歌,也是运城地区的民歌。

(2009年10月)

河东丰厚文化底蕴又一精彩展示

——《唐诗排行榜》前十篇运城籍诗人作品居其半

河东文化底蕴丰厚,常常在不经意间就会展示出它的精彩!

中华书局新近推出《唐诗排行榜》,为最具影响力的唐诗名篇排了座次。位列前十的作品,运城籍诗人作品居然占了五篇,据有半壁江山。它们是:王维的《送元二使安西》,位居第二;王之涣的《凉州词(黄河远上)》,位居第三;王之涣的《登鹳雀楼》,位居第四;柳宗元的《登柳州城楼》,位居第六;王勃的《送杜少府之任蜀州》,位居第九。作品位列前十名的九位作者,运城人居然占了四席,而王之涣一人又独占两席。这是何等的风光!

唐代是我国历史上诗歌鼎盛的时期,仅《全唐诗》中收入的诗歌总数即近5万首。《唐诗排行榜》一书,是武汉大学教授运用现代统计学方法,通过数据分析,综合排序,筛选出千余年传播过程中最具影响力的100首诗作,于新近出版面世的。据介绍,作者筛选评判诗作时,对每首诗采集了四个方面

◎附　录

的数据,即:一、入选历代唐诗选本的数据;二、历代评论的数据;三、20世纪研究论文的数据;四、文学史著作选介的数据。将以上各个数据进行标准化处理,再乘以各自的权重(占总数的百分比),然后求和。以这种方法通过计算机综合分值进行排队,从而得出了结果。《唐诗排行榜》公布后,虽然引起一些争论,但多数人认为该书采用的方法有一定的科学性,结论是基本可信的。笔者亦作如是观。

运城籍诗人入选"前十"的这五首诗作,都是脍炙人口的名篇,千百年来被人们吟咏传唱不衰,一直好评如潮。此番再获殊荣,可谓当之无愧。

首先是王维的诗。王维(公元701年—761年),字摩诘,盛唐山水田园诗人。他多才多艺,不仅能诗,且精通书画、音乐。苏轼誉其为"诗中有画,画中有诗"。因倾心事佛,亦被称作"诗佛"。王维长于七绝,有许多名篇传世,入选《排行榜》的100首诗中他一人独占九篇,居于李白(六篇)之前,杜甫(十篇)之后,名列第二。《送元二使安西》就是传颂最广者之一。这首赠别题材的乐府诗,又名《渭城曲》。诗曰:"渭城朝雨浥轻尘,客舍青青柳色新。劝君更尽一杯酒,西出阳关无故人。"这首诗一发表,立即引起轰动,很快就被谱成《阳关三叠》到处传唱,成为当时人们赠别、饯行仪式不可或缺的部分。白居易《对酒诗》曾有赞曰:"相逢且莫推辞醉,听唱《阳关》第四声。"(自注:"第四声:劝君更尽一杯酒。")直至今日,"阳关"还被作为"赠别"的代称。

再说王之涣。王之涣(公元688年—742年)是一位盛唐边塞诗人,存世作品不多,《全唐诗》收录他的诗歌仅有六首,但诗名甚大。《凉州词》又名《塞上曲》,也是一首"传乎乐章,布在人口"的"乐府"名作:"黄河远上白云间,一片孤城万仞山。羌笛何须怨杨柳,春风不度玉门关。"前两句写出了荒凉孤凄的边塞风光,后两句描绘了戍边士卒对家乡亲人的思念和对连年征战的哀怨。全诗意境高远,含蓄蕴藉,被后人誉为唐诗绝句"压卷之作"。

王之涣另一首《登鹳雀楼》:"白日依山尽,黄河入海流。欲穷千里目,更上一层楼。"亦为唐诗中之精品。广为流传,妇孺皆知。楼在蒲州,为我国古代文化名楼之一;诗为绝唱,短短20个字,写出了落日山河的苍茫壮阔景色,以及登高望远、极目骋怀的豪情逸兴。诗思高远,极富哲理,激励人们积极向上进取。不仅为广大读者所喜好,为诗家所激赏,亦为政治家所瞩目,时常被人们用来题赠励志。

再说柳宗元。柳宗元(公元773年—819年)是唐代中后期政治改革家、思想家,是唐宋古文八大家之一。《登柳州城楼寄漳汀封连四州》,是柳宗元被贬初到柳州时所作。诗曰:"城上高楼接大荒,海天愁思正茫茫。惊风乱飐芙蓉水,密雨斜侵薜荔墙。岭树重遮千里目,江流曲似九回肠。共来百越纹身地,犹自音书滞一乡。"写诗人登楼眺望,南荒风物尽收眼底,不禁想起了同遭贬谪的漳州刺史韩泰、汀州刺史韩晔、封州刺史陈谏、连州刺史刘禹锡,引起无限感慨。诗中以"惊风""密雨"喻小人,以"芙蓉""薜荔"喻君子,"岭树"句喻君门之远,"江流"句喻臣心之苦。用语新奇,对仗工稳,以"景辞"代

◎附 录

"情辞",表达了他对恶劣政治环境的激愤之情以及对友人的深切怀念。清代纪昀评价为"意境阔远,有神无迹",是唐代七律中的一篇杰作。

还有王勃(公元649年—676年)的五言古诗《送杜少府之任蜀州》:"城阙辅三秦,烽烟望五津。与君离别意,同是宦游人。海内存知己,天涯若比邻。无为在歧路,儿女共沾巾。"王勃居"初唐四杰"之首,少年成名,才华横溢,诗赋、学问均极佳,被誉为"以文章名天下"。"同是宦游人"的赠别,心情本来是复杂的,但他却用"海内存知己,天涯若比邻"这样无比开朗壮阔、大气磅礴的诗句,抛开缠绵的儿女之情,变悲凉为豪放,表现了诗人博大胸怀,非凡抱负。这两句诗也成为千古传颂的名句,伟人毛泽东就曾引用它来比喻国家、政党之间的友好关系和兄弟情谊。

河东人文荟萃,历来是诗的沃土。早在春秋时期这里就产生过《魏风》《唐风》这样优美的诗篇,于《诗经》十五国风中居其二。魏晋时期出现了"游仙诗"鼻祖郭景纯(闻喜人)。隋代又有当时艺术成就最高的诗人薛道衡(汾阴人)。唐代诗歌鼎盛,河东更是群星灿烂,出了王绩(龙门人)、王勃(龙门人)、王之涣(绛州人)、王维(蒲州人)、柳宗元(虞乡人)、司空图(虞乡人)、聂夷中(蒲州人)、卢纶(蒲州人)、耿湋(蒲州人)、吕温(永乐人)、杨巨源(蒲州人)、畅当(蒲州人)等一大批著名诗人,留下了不少传世之作。另一些人,或出任高官显宦,或出身望族世家,不以诗名,也写出过很好的诗篇。因此,在有唐一代庞大的诗人队伍中,运城籍诗人是一支成绩卓著、具有扛鼎之力的劲旅。他们的作品积淀为中华文化经典,千百年来一直受到人们的关注、喜爱,对社会生活产生巨大影响。此番综合比较排行,再次名列前茅,正所谓"理有固宜,势所必然",任何人都无法否定。

诚然,对于文学作品的评价,不同的人会有不同的标准,所谓"仁者见仁,智者见智"。但这次设定的排行标准是社会影响力和关注度,这是一个综合性的标准,不是单一的"人民性"、"艺术性"或其他什么标准。且与以往学者著述的个人一家之言不同,它采用的是计量分析的方法,吸纳综合了1000年来学人专家的意见,兼顾了诸多方面的"见仁见智"的评说;不是凭感觉说话,而是凭数据说话;其结论相对客观,有一定的科学性,是不应受到太多置疑的。至于谁属"第一",容或可以商榷,但毫无疑问,名列前十的作品绝对都是唐诗中的极品,是中华文学宝库中的瑰宝。这十首诗中运城籍诗人的作品居然占了一半,这是运城人的骄傲,是河东丰厚文化底蕴又一次精彩展示!

河东诗魂,光耀千古!

小链接《唐诗排行榜》前十名

1.《黄鹤楼》　　　　　崔　颢
2.《送元二使安西》　　　王　维
3.《凉州词(黄河远上)》　王之涣
4.《登鹳雀楼》　　　　　王之涣
5.《登岳阳楼》　　　　　杜　甫

6.《登柳州城楼》　　　柳宗元
7.《临洞庭湖赠张丞相》　孟浩然
8.《题破山寺后禅院》　　常　建
9.《送杜少府之任蜀州》　王　勃
10.《蜀道难》　　　　　　李　白

（2011年5月）

识读运城·古中国

河东倡廉歌

河东文明古,
圣贤次第列。
岂惟勋绩著,
品德尤高洁。
尧倡节俭风,(1)
舜惜牛力竭,(2)
大禹戒酯酒,(3)
龙逄斥靡奢,(4)
闵贡辞猪肝,(5)
云长献账册,(6)
裴侠清慎最,(7)
嘉贞谢置业,(8)
君实美俭素,(9)
张岫拒私谒,(10)
陶琰号三杠,(11)
笃弼冠贤杰。(12)
无产政党人,

◎附　录

宗旨峻如铁。

廉政是传统，

惩腐最决绝。

打虎亦拍蝇，

风暴顶级烈。

权为民所用，

雷池无使越。

党风非细事，

大坝溃蚁穴。

官箴诫清慎，[13]

家国败由奢。[14]

古训常铭记，

弊革风清洌。

共园中国梦，

万古仰清节。

注释：

(1)上古帝尧对百姓仁爱如冬日的太阳，而自己生活却十分节俭。他住的是茅草屋屋顶不加修剪，栎木为梁不加削斫；乘坐的车子不加彩绘，蒲草垫席不镶花边。他的宫室很低很矮，堂下土阶三尺。他吃饭用陶簋，喝汤用陶铏；吃的是糙米粗饭和藜藿做的野菜羹。他夏天穿的粗葛布衣衫，冬天穿的是简陋的鹿皮衣。《史记》说："尧丧，百姓悲痛，如丧父母。三年四方莫举乐，以思尧。"

(2)传说舜在历山耕田时,常常在牛的屁股上挂一柳编簸箕,他用树枝敲打簸箕,牛听到响声就奋力向前。尧王访贤看到不知何故,上前询问。舜答:牛耕田拉犁已经十分辛苦,我不忍心再用木棒抽打它,敲击簸箕对它有个警示就行了。尧王听后十分感动,心想这个人对畜力尚且如此爱惜,如果做了君主,一定会爱惜民力,善待百姓,是个仁慈的君主。于是将帝位禅让给了舜。

(3)《战国策·魏策》载:"昔者,帝女令仪狄做酒而美进之禹。禹而甘之,遂疏仪狄,绝酯酒。曰:'后世必有以酒亡国者。'"说的是舜帝女儿为考验大禹,让酒师仪狄造出了最美的酒献给他。禹饮过之后说:这东西太好了,喝它极容易上瘾。若干年后必定会有人因贪恋美酒而亡国的!从此疏远了仪狄,戒绝了一切美酒。

(4)《韩诗外传》载:夏桀荒淫无道,穷奢极欲,滥用民力,大修宫殿,"为酒池糟堤,纵靡靡之乐,一鼓而牛饮者三千人。"百姓不堪其苦,诅咒说:"时日曷丧,予及汝偕亡!"(这个毒日头,什么时候殂落,我们宁愿与你一块儿去死)大夫关龙逢多次劝谏不听,遂携黄图(疆域图)斥责他:"古之君王仁义爱民,因此江山稳固,长治久安。今大王恣意挥霍民财,杀人无度。若不改变,会遭到上天惩罚的!"桀说:"子又妖言矣!"。龙逢力谏不去。桀遂焚烧黄图,杀了关龙逢,不久夏朝就灭亡了。关被后世赞为"死谏开先第一人"。

(5)闵贡,东汉名士,字仲叔,太原人,尝流寓安邑。《后汉书》载:"太原闵仲叔者,世称节士。……客居安邑,老病家贫,

◎附　　录

不能得肉,日买猪肝一片,屠者或不肯与。安邑令闻,敕吏常给焉。仲叔怪而问之,知,乃叹曰:'闵仲叔岂以口腹累安邑耶!'遂去。"《明史》载,洪武六年,明太祖朱元璋读《后汉书》至此有感,遂对朝廷大臣曰:"朕饮不多,太原岁进葡萄酒,自今令其勿进。国家以养民为务,岂宜口腹累人哉!尝闻宋太祖家法,子孙不得自远方取珍珠,深得贻谋之道也。"

(6)古有关公"辞曹献账"之说。传说关公兵败被曹操收服后,曹操送他许多金银财宝,他不为之动心。后闻知刘备下落,便毅然辞别曹操寻找兄长。临行时将曹操送他的金银布帛等物悉数留下,还附上一份依照"原、收、出、存"四个项目记载得清清楚楚的账册。据说后世传统的商用簿记法以及简明日清簿等,就是依照关公发明的账册设计的。关公仁义诚信,不贪财货,因被奉为"武财神"。

(7)裴侠,北周时解县人。《盐法备览》载:裴侠任河北郡守,"躬履俭素,爱民如子,所食惟菽粟盐菜,去职之日一无所取。民歌之曰:'肥鲜不食,丁庸不取。裴公贞惠,为世规矩。'"周太祖赞扬他说:"裴侠清慎奉公,为天下之最。"裴侠曾对弟弟说:"清者,莅职之本;俭者,持身之基。今吾幸以凡庸,滥蒙殊遇,固其穷困,非慕名也。志在自修,惧辱先人也。"

(8)张嘉贞,唐代猗氏县人,曾任宪宗朝宰相。《隋唐嘉话》载:"张嘉贞在定州,所亲有劝立田业者。嘉贞曰:'吾忝历官荣,曾任国相,未死之际,岂忧饥馁?若负谴责,虽富田庄何用?比见朝士,广占良田,乃身殁后,皆为无赖子弟作酒色之资。甚无谓也。'闻者叹服。"张与其子延赏、孙弘靖三代为相,世称"三相张家"。

(9)司马光,字君实,夏县人。宋代著名政治家、史学家。他在写给儿子的《训俭示康》文中说:"吾本寒家,世以清白相承。吾性不喜华靡。平生衣取蔽寒,食取充腹。众人皆以奢靡为荣,吾心独以俭素为美。人皆斥吾固陋,吾不以为耻。"他任职西京留台,出行时随行人员很少,且不张伞盖。有人劝他:这样人们不认识您,会不方便的。他说:"我正求人不识我!"晚年要买一个院宅养老,因家里资财不够立一个户头,只好以其兄司马旦为户主。

(10)张岫,明代运城人,曾任辽东巡抚。私谒,谓以私事谒见请托。张岫一生"嫉恶好善,一介不取"。他任辽东巡抚时,当地有位御史要来山西主持乡试,私下去问他儿子的名字,说想给其一个举人的名号。张岫严词拒绝,并让儿子称病放弃了当年的乡试。邻居出售一座房子,儿子将其买下。张岫怀疑在价格上占了便宜,坚决让儿子把房子退回去。邻居执意不肯,他遂坚持再付给卖主一份房钱。

(11)陶琰,绛州人,明成化辛丑进士,授刑部主事,后升迁为右副都御使,巡抚河南。《直隶绛州志》称他:"廉介绝俗,每饭一蔬,人呼'青菜陶'。""历官逾四十二年,奉身无长物(多余的东西),适口无兼味。自常禄(正常的俸禄)外,一介不取。往来行李,惟三竹笥(箱),时人呼为'陶三杠'。"

(12)薛笃弼,解州人,早年参加辛亥革命,后历任民国高官,曾多次经管财税,而以廉洁著称。他生活简朴、公私分明,从不允许家人乘坐公家的车辆,甚至连公家的信纸、信封都

◎附　录

不用于私事。他常说:"万般廉洁只是小善,一点贪污就是大恶。""文化大革命"时红卫兵抄家,见其家居摆设十分简陋大出意外,说:"你屋中陈设与你身份大不相称!"毛泽东主席生前对他评价甚高。一次宴请民主人士,特请他坐在身边,称赞他是"野有遗贤"。

⒀清代为官员制定的"官箴"曰:"清,慎,勤"。"清"谓"清正、清明、清廉";"慎"为"谨慎、敬事";"勤"为"勤政"。

⒁唐代诗人李商隐《咏史》诗曰:"历览前贤国与家,成由勤俭败由奢。"习近平总书记曾在文章中引用,并指出"这是古今中外治国理政一条共有的警世箴言,我们共产党人更应引为鉴戒。"

(2015年3月)

运城三字经

山之右,河之东,古中国,新运城。
历史久,物产丰,人曰杰,地曰灵。
鹽池盐,首山铜,促华夏,文明兴。
黄帝据,蚩尤争,涿鹿战,解始名。
妃嫘祖,饲蚕生,民有衣,暖融融。
风后佐,擅布兵,造司南,盖世功。
尧舜禹,建帝京,相揖让,倡大同。
尧寓绛,居蒲城,仁德广,无能名。
舜都蒲,历山耕,协万邦,歌南风。
禹治水,凿龙门,民安居,九州定。
稷教稼,农耕盛,丰垄亩,饱众生。
禹传启,有夏兴,家天下,法统行。
商傅说,相武丁,起版筑,助中兴。
春秋霸,晋文公,结秦好,拒楚兵。
魏文侯,战国雄,重文教,尊贤明。
张仪舌,术合纵,统六国,立奇功。
号川祖,有李冰,都江堰,富蜀中。

◎附　　录

帝王师，首荀卿，儒法合，集大成。
商之圣，猗顿公，畜五牸，盐运通。
秦汉统，郡河东，号股肱，天下中。
关云长，忠义勇，称武圣，千秋颂。
卫门书，四世承，笔阵图，蓝育青。
郭景纯，堪舆精，注尔雅，赋仙踪。
薛道衡，文翰工，诵人日，震南庭。
文中子，曰王通，教河汾，辅唐隆。
孙王勃，号神童，冠四杰，诗赋名。
白袍将，靖边功，定突厥，破辽东。
裴薛柳，望族兴，多仕宦，多贤能。
闻喜裴，冢宰众，五十九，史称雄。
汾阴薛，飞三凤，达官显，艺术精。
柳宗元，谪南中，列八家，号文宗。
王摩诘，入禅境，诗中画，山水灵。
王之涣，诗品工，鹳雀赋，凉州行。
吕洞宾，道风清，解人难，济世穷。
司马光，谥文正，资治鉴，史碑丰。
相赵鼎，骨铮铮，斥议和，抗金兵。
元曲祖，关汉卿，六十剧，赛莎翁。
杨深秀，国士风，倡新法，甘牺牲。
蒲解绛，三州鼎，明清民，人物盛。
红旗举，起群英：程子华，李雪峰，
姬鹏飞，傅宜生，董其武，新华雄。

共产党,贤杰众,千秋史,播英名。
习近平,中国梦,党共民,奋力行。
古中国,责尤重,齐争先,建新功!

(2015年5月)

我不是长大那块料

〔英〕莎拉·特纳 著
崔瑞 译

中央编译出版社
Central Compilation & Translation Press

图书在版编目（CIP）数据

我不是长大那块料 /（英）莎拉·特纳著；崔瑞译. -- 北京：中央编译出版社，2022.10
书名原文：STEPPING UP
ISBN 978-7-5117-4206-3

Ⅰ.①我… Ⅱ.①莎…②崔… Ⅲ.①长篇小说—英国—现代 Ⅳ.①I561.45

中国版本图书馆 CIP 数据核字（2022）第 113859 号

Published by arrangement with Hardman & Swainson, through The Grayhawk Agency Ltd.
Copyright © 2022 by Sarah Turner

我不是长大那块料

责任编辑	赵可佳
责任印制	刘　慧
出版发行	中央编译出版社
地　　址	北京市海淀区北四环西路 69 号（100080）
电　　话	（010）55627391（总编室）　（010）55627362（编辑室）
	（010）55627320（发行部）　（010）55627377（新技术部）
经　　销	全国新华书店
印　　刷	北京印刷集团有限责任公司印刷一厂
开　　本	850 毫米 × 1168 毫米 1/32
字　　数	218 千字
印　　张	9.75
版　　次	2022 年 10 月第 1 版
印　　次	2022 年 10 月第 1 次印刷
定　　价	58.00 元

新浪微博：@中央编译出版社　　　微　信：中央编译出版社（ID：cctphome）
淘宝店铺：中央编译出版社直销店（http://shop108367160.taobao.com）（010）55627331

本社常年法律顾问：北京市吴栾赵阎律师事务所律师　闫军　梁勤
凡有印装质量问题，本社负责调换，电话：（010）55626985